Das ultimative STUDENTEN KOCHBUCH

Einfach, schnell & preiswert – 84 unkomplizierte Gerichte für jeden Geschmack und Geldbeutel

INHALT

Basics &

KNOW-HOW

LÄUFT BEI DIR!

Selber kochen klingt vielleicht erst mal nach Stress – mit den richtigen Rezepten und etwas Know-how ist es das aber gar nicht. Es macht sogar Spaß! Mit jeder Menge Tipps zu Küchenpraxis, Vorratshaltung, Meal Prep, Resteküche & Co. machen dich die folgenden Seiten fit für den Herd. Du wirst sehen: Kochen ist echt keine Wissenschaft!

Schlafen bis in die Puppen, Binge Watching bis früh morgens und feiern, feiern, feiern – das Studentenleben kann so schön sein! Oftmals sieht's aber leider anders aus: Eine Vorlesung jagt die nächste, die nächste Prüfung steht vor der Tür und die Hausarbeit schreibt sich auch nicht von selbst. Kein Wunder, dass da das Essen eher nebenbei läuft.

Na klar, verhungern muss man nicht. Gibt ja Gott sei Dank Döner- und Fritten-Buden, Pizza-Taxis, Tiefkühlgerichte, die Mensa … und natürlich kalte Ravioli aus der Dose … Auf Dauer geht all das aber nicht zuletzt ganz schön ins Geld – und das ist ja bekanntlich was, mit dem Studenten nicht gerade üppig gesegnet sind …

Um deinen Geldbeutel zu schonen, gibt es eine einfache Lösung: clever selber kochen! Mit ein wenig Planung und Vorbereitung lässt sich das Kochen nämlich ganz einfach in deinen Studi-Alltag integrieren, ohne dass du ewig den Kochlöffel schwingen musst. Die Vorteile liegen auf der Hand: Du kannst essen, worauf du gerade Bock hast, es ist viel gesünder und leckerer als Fast Food, Fertiggerichte oder Mensa-Essen und eben letztlich auch preiswerter.

In diesem Buch findest du 84 leckere Gerichte, darunter auch jede Menge vegetarische: Snacks, Sandwiches, Wraps, Salate, Suppen, Sattmacher-Gerichte, Süßes und Party-Food – allesamt schnell zubereitet oder super vorzubereiten und gespickt mit vielen praktischen Tipps. Vorab gibt es auf den nächsten Seiten noch jede Menge nützliche Infos, die dir das Kochen noch leichter machen.

ALSO: RAN AN DEN HERD!

MACH'S DIR LEICHT!

Kochen mit Köpfchen

HAMSTERN

Ein Vorrat an bestimmten Lebensmitteln ist superpraktisch – er erspart dir so manchen Einkauf und wappnet dich für spontane Hungerattacken. Unter den Zutaten gibt es ein paar richtige Multitalente, die du immer da haben solltest (→ Seite 6/7).

EINFRIEREN

Viele Gerichte schmecken aufgewärmt noch mal so gut und lassen sich wunderbar einfrieren – koch also direkt mehr davon und frier sie portionsweise ein (→ Seite 8/9).

1 x KOCHEN, 2 x ESSEN

Viele Gerichte kannst du wunderbar aufwärmen – koch einfach gleich eine Portion für den nächsten Tag mit.

CLEVER VORARBEITEN

Überleg dir schon am Abend vorher, was du am nächsten Tag essen möchtest. Bei vielen Gerichten kannst du schon einiges vorbereiten und sparst dir dann am nächsten Tag im Uni-Stress die Zeit (→ Seite 12).

RESTE ÜBRIG?

Prima! Egal, ob Zutaten, Gericht-Komponenten oder ganze Gerichte: Vieles lässt sich super in anderen Gerichten verwerten. Das spart Arbeit und Geld! Und noch dazu tust du etwas gegen Lebensmittelverschwendung (→ Seite 10/11 und 12).

VORRÄTE

Superpraktisch!

Um für alle kulinarischen Fälle gerüstet zu sein und dir das Leben leichter zu machen, ist ein Vorrat an oft gebrauchten Lebensmitteln unerlässlich. Die folgenden Lebensmittel finden in vielen unserer Rezepte Verwendung – je mehr davon du im Vorratsschrank hast, desto praktischer wird's!

TROCKENES

Trockene Lebensmittel sind in der Regel länger haltbar und können daher gut auf Vorrat eingekauft werden. Nützlich sind Mehl, Backpulver, Trockenhefe, Semmelbrösel, Couscous, Reis, Nudeln, (rote) Linsen, Haferflocken, verschiedene Nüsse und Tortilla-Wraps.

KONSERVEN & GLÄSER

Lebensmittel in Gläsern und Konserven sind lange haltbar und damit gute Kandidaten für die Vorratshaltung. Nützlich sind passierte und stückige Tomaten, getrocknete Tomaten, Thunfisch, Kapern, Oliven, weiße Bohnen, Kidneybohnen, Kichererbsen, Mais, Kokosmilch und Honig.

TIEFKÜHLPRODUKTE

Tiefgekühltes wie Spinat, Erbsen, Blätterteig, Lachs, Fleisch, Beeren und Kräuter ist ebenfalls lange haltbar und sollte bei der Vorratshaltung nicht fehlen.

FETTE, ÖLE & SONSTIGES

Ständig am Start sollten Butter, Olivenöl sowie hitzebeständiges Pflanzenöl (z. B. Rapsöl) zum Braten sein. Aceto balsamico und Weißweinessig sind nützliche Basics für Salate & Co. Auch hilfreich: Senf, Sojasauce, Pesto, Tomatenmark, Worcestersauce, Mayonnaise, Gemüse-, Hühner- und Rindfleischbrühe.

FLEISCH & FISCH

Räucherlachs und Speck sind im Kühlschrank aufbewahrt bis zu 2 Wochen haltbar. Auch Salami am Stück kann länger aufbewahrt werden. Auch praktisch: Hackfleisch, Hähnchenbrustfilet und Lachs – portionsweise eingefroren.

KRÄUTER & GEWÜRZE

Getrocknete Kräuter und Gewürze behalten dunkel und luftdicht verschlossen lange ihr Aroma und können daher super aufbewahrt werden. Nützlich sind beispielsweise Thymian, Oregano, Basilikum, Rosmarin, italienische Kräuter und Kräuter der Provence. Außerdem: Paprikapulver, Chili, Muskat, Knoblauchpulver, Kreuzkümmel, Ras el-Hanout, Curry und natürlich Salz, Pfeffer und Zucker. Auch tiefgekühlte Kräuter und Gewürze (z. B. Petersilie, Schnittlauch und Dill) sind sehr praktisch. Am aromatischsten und auch länger haltbar sind frische Kräuter im Kräutertöpfchen (z. B. Basilikum, Thymian und Minze). Ebenfalls zum Würzen oft gebraucht: Zitrone(nsaft) und Ingwer.

MILCHPRODUKTE & EIER

Milchprodukte und Eier sind für stressfreies Kochen unentbehrlich. Ihre Haltbarkeit ist jedoch begrenzt – sie sind also nur für eine kürzere Vorratshaltung geeignet. Nützlich sind Milch (H-Milch hält deutlich länger!), Naturjoghurt, Crème fraîche oder Schmand, Sahne, Quark, saure Sahne, Frischkäse, Parmesan, Gouda oder Emmentaler am Stück, Feta und Eier.

GEMÜSE

Ohne Gemüse geht's nicht! Leider sind die meisten Gemüsesorten aber nur begrenzt haltbar. Unproblematisch sind Kartoffeln, Möhren, Kürbis, Zwiebeln und Knoblauch, die kühl, trocken und dunkel mehrere Wochen gelagert werden können. Paprika, Zucchini, Gurke und Aubergine können auch für viele Gerichte verwendet werden, sie sind im Kühlschrank bis zu 1 Woche haltbar. Auch nice-to-have: Tomaten und Avocado – diese aber nicht im Kühlschrank aufbewahren!

EINFRIEREN

So geht's!

Einfrieren ist eine super Möglichkeit, um die Studentenküche noch weiter zu entstressen! Gekaufte Tiefkühlprodukte wie Gemüse, Fleisch oder Fisch lassen sich in der Tiefkühltruhe genauso gut aufbewahren wie Brot auf Vorrat, eingefrorene Lebensmittel, gekochte Essensüberbleibsel oder vorgekochte Gerichte.

GEFRIERBRAND ADÉ

Um Gefrierbrand zu vermeiden, darf möglichst keine Luft an das einzufrierende Lebensmittel kommen. Bei Gefrierbeuteln daher die Luft rausdrücken und den Beutel luftdicht mit einer Klammer verschließen. Boxen mit Frischhaltefolie plus Deckel verschließen.

DAS LÄSST SICH SUPER EINFRIEREN

- ☐ *Gemüse*
- ☐ *viele Obstsorten*
- ☐ *Kräuter*
- ☐ *Fleisch & Wurst*
- ☐ *Fisch & Meeresfrüchte*
- ☐ *Gebäck*
- ☐ *roher Teig*

★ KRÄUTER

Kräuter sind zum Einfrieren gut geeignet. Dazu die Kräuter hacken und in einem Gefrierbeutel oder in einer Box in den Tiefkühler geben. Auch praktisch: Kräuter hacken, in einen Eiswürfelbehälter geben, Wasser draufgießen und zugedeckt in den Tiefkühler stellen – ist das Ganze gefroren, kannst du die Würfel in einen Gefrierbeutel umfüllen und die Kräuterwürfel portionsweise verwenden.

★ FLEISCH & WURST

Egal ob Geflügel, Rindfleisch, Schweinefleisch, Bratwurst oder Aufschnitt – Fleisch und Wurst lassen sich problemlos einfrieren. Sehr fettes Fleisch ist im Froster aber deutlich kürzer haltbar als mageres, daher vor dem Einfrieren möglichst viel Fettgewebe wegschneiden. Auch Knochen sollten möglichst entfernt werden. Fleisch und Wurst vor der Verwendung langsam im Kühlschrank auftauen lassen!

★ GEMÜSE

Gemüse kann gut auf Vorrat eingefroren werden, einige Sorten erfordern aber ein paar Vorarbeiten. Feste Gemüsesorten wie Möhren, Erbsen, Bohnen, Kohlrabi, Kartoffeln, Fenchel und Kohl sollten vor dem Einfrieren kleingeschnippelt und in kochendem Salzwasser blanchiert werden. Danach in Eiswasser abschrecken und gut trocken tupfen – so behält das Gemüse Farbe und Vitamine! Zucchini (in Stücken) und Pilze können roh in den Tiefkühler. Sehr wasserhaltiges Gemüse wie Tomaten, Gurken, Zwiebeln und Radieschen werden durchs Einfrieren schnell matschig und sind daher keine guten Einfrierkandidaten.

★ OBST

Auch viele Obstsorten können gut eingefroren werden. Äpfel, Birnen und Rhabarber vorher am besten in Stücke schneiden oder pürieren. Beeren am besten zunächst mit etwas Abstand auf einem flachen Teller platzieren und vorfrieren, bevor sie zusammen in einen Gefrierbeutel oder eine Box kommen – so frieren sie nicht zu einem dicken Beerenklumpen zusammen. Steinobst wie Pflaumen, Aprikosen oder Pfirsiche vor dem Einfrieren entsteinen. Sehr wasserhaltiges Gemüse wie Bananen, Weintrauben und Melonen sind im Tiefkühler nicht gut aufgehoben.

★ FISCH

Auch frischer Fisch und frische Meeresfrüchte wie Garnelen lassen sich gut einfrieren – Fisch sowohl filetiert als auch im Ganzen (dann aber ausgenommen). Vor der Verwendung langsam im Kühlschrank auftauen lassen!

★ GEBÄCK

Brot, Brötchen und anderes Gebäck (vor allem aus Hefeteig) lassen sich sehr gut tiefkühlen. Auch roher Teig kann super eingefroren werden (z. B. Pizza-Teig, siehe S. 84). Das Gebäck vor der Verwendung kurz etwas antauen lassen, dann im Ofen aufbacken.

★ MILCHPRODUKTE

Milchprodukte sind eher mittelmäßige Einfrierkandidaten – je mehr Fett sie haben, umso eher sind sie geeignet. Mit fetthaltigem Käse oder Butter klappt's super, Milch und Sahne sind eher ungeeignet.

WIE KALT MUSS ES SEIN?

Lebensmittel, die du mehrere Monate aufbewahren möchtest, gehören in den Tiefkühlschrank oder ins Tiefkühlfach. Dafür sind mindestens -18 °C vonnöten – das schaffen nur 3- oder 4-Sterne-Geräte. In 1-Sterne-Fächern kannst du Lebensmittel bei etwa -6 °C etwa eine Woche aufbewahren, in 2-Sterne-Fächern bei rund -12 °C 3 Wochen. Bei -18 °C ist Obst und Gemüse 6–12 Monate haltbar, Brot 1–3 Monate, Fleisch 3–12 Monate und Käse 2–4 Monate.

NO FOOD WASTE

Wusstest du, dass täglich Unmengen von Lebensmitteln weggeworfen werden? Oft einfach nur, weil man planlos zu viel oder das Falsche eingekauft hat, oder zu gedankenlos mit Zutaten umgeht. Wir zeigen dir, wie's besser geht!

ZUTATEN CLEVER VERWERTEN

Bei einigen Gerichten wird nicht die ganze Zutat benötigt (z. B. nur 1/2 Zwiebel oder ein paar Blätter Salat). Im Folgenden siehst du, bei welchen Rezepten du die Zutat noch verwenden kannst. So brauchst du sie nicht wegzuwerfen und zauberst gleich noch ein leckeres Essen daraus!

ZWIEBELN & KNOFI

Angeschnittene Zwiebeln und Knoblauchzehen kannst du ein paar Tage aufbewahren. Deck dazu die Schnittfläche mit Frischhaltefolie ab und leg sie in einer verschlossenen Plastikdose in den Kühlschrank.

GEMÜSE

- Aubergine: S. 71, 86
- Avocado: S. 16, 22, 32, 115, 121
- (Baby-)Spinat: S. 27, 62, 66, 75 (statt TK), 77 (statt TK)
- Champignons: S. 30, 43, 62, 71, 82, 110
- Chili: S. 16, 32, 62, 64, 81, 86, 121
- Frühlingszwiebel: S. 26, 57, 62, 78, 81, 122
- Gurke: S. 18, 24, 78, 122
- (Hokkaido-)Kürbis: S. 28, 48, 51, 61
- Lauch: S. 44, 46, 51, 74
- Paprika: S. 18, 21, 26, 39, 54, 62, 64, 71, 109, 115, 122
- Rucola: S. 31, 57, 63
- Salat: S. 16, 18, 24, 26, 31, 58
- Zucchini: S. 28, 57, 78, 82

KRÄUTER

- Basilikum: S. 16, 19, 62, 82 (statt getrocknet)
- Dill: S. 24 (statt TK), 26 (statt TK), 70
- Ingwer: S. 33, 54, 64, 78, 81, 125
- Koriander: S. 32, 81
- Minze: S. 71, 99, 122
- Petersilie: S. 28, 30 (statt TK), 36, 43, 46, 72, 122
- Schnittlauch: S. 21, 22, 69, 74, 112

MILCHPRODUKTE

- Crème fraîche: S. 30, 62, 66
- Kokosmilch: S. 64, 81, 124
- Ricotta: S. 63, 75, 82
- Sahne: S. 30, 40, 46, 70, 74, 92, 95, 96, 102
- Saure Sahne: S. 24, 43, 58, 110, 115
- Schmand: S. 18, 33, 57, 69, 77, 96, 109

SONSTIGE

- Kichererbsen: S. 28, 32, 64
- Passierte-/stückige Tomaten: S. 44, 72, 75, 82, 85, 86
- Räucherlachs: S. 24, 46
- Speck/Bacon: S. 26, 36, 40, 46, 71
- Tortilla-Wraps (Weizenfladen): S. 18, 24, 77, 121
- (Weiße) Bohnen: S. 19, 40, 51

PROBIEREN GEHT ÜBER STUDIEREN!

Um möglichst wenige Lebensmittel wegzuwerfen, sind Kreativität, Mut und Flexibilität gefragt! Du hast nur Zwiebeln statt Schalotten? Nur gelbe statt rote Paprikaschoten? Gemüse- statt Geflügelbrühe? Nur eine viertel statt einer halben Zwiebel? Pastinake statt Möhre? Macht nix! Sei flexibel und lass dich vom Ergebnis überraschen. Vielleicht schmeckt dir das Gericht ja in deiner neuen Variante sogar noch viel besser!

GEMÜSE SPARSAM PUTZEN

Auch beim Putzen von Gemüse kannst du sparen! Benutze zum Beispiel zum Kartoffelschälen einen Sparschäler statt mit einem Messer die halbe Kartoffel abzusäbeln – oder noch besser: Koch und iss sie gleich mit Schale! Verwende vom Brokkoli nicht nur die Röschen, sondern auch den Stamm. Kurz gesagt: Schneide nur so viel ab wie wirklich notwendig und verwende so viel wie möglich.

Um ein wenig Putzerei kommt man aber nicht umhin – und so geht's: Bei Möhre, Zucchini, Gurke, Aubergine & Co. beide Enden abschneiden, bei Frühlingszwiebeln den Wurzelansatz und das dunkle Grün am anderen Ende, bei Tomaten oben den Stielansatz, bei Pilzen das Stielende.

Bei Brokkoli entfernst du die Blätter, schneidest das untere Stammende ab (wer will, schält und würfelt es und verwendet es mit) und schneidest dann die Röschen vom Stamm.

Lauch wird zuerst gründlich gewaschen, vor allem der obere Teil – da versteckt sich gerne Erde zwischen den Schichten. Dazu das untere Wurzelende abschneiden, außerdem die groben dunkelgrünen Enden oben. Dann die äußere Schicht von oben nach unten einschneiden. Die Stange unter fließendem Wasser waschen, dabei die Schichten ein bisschen auseinanderziehen, damit die Erde rausgespült wird.

Bei Paprika und Chili schneidest du den Stielansatz weg und die Schoten dann längs durch. Bei Paprika Kerne und weiße Trennwände rausschneiden, bei Chili nur dann, wenn es nicht zu scharf werden soll.

ZITRONE & CO.

Zitronen und Limetten werden in Form von Saft oder Schale in sehr vielen Gerichten verwendet; wenn nur ein Spritzer benötigt wird, einfach mit einem Zahnstocher in die Frucht stechen und ein wenig Saft rausdrücken – so bleibt die Zitrone länger frisch als wenn du sie aufschneidest!

MEAL PREP

Meal Prep liegt voll im Trend! Letztlich verbirgt sich dahinter nichts anderes, als Essen vorzubereiten bzw. vorzukochen. Für die Easy-Studentenküche ist Meal Prep ideal und macht dir das Leben garantiert leichter – so bleibt mehr Zeit zum Lernen und Chillen!

CLEVER VORKOCHEN

Beim Meal Prepping kochst du entweder ein komplettes Gericht vor – für den nächsten Tag oder zum Einfrieren. Oder du bereitest vorab einzelne Komponenten eines Gerichts vor, um das Gericht später ruckzuck fertig zu haben. So kannst du die Essensvor- bzw. -zubereitung in aller Ruhe machen, wenn du Zeit dazu hast (z. B. abends oder am Wochenende) und kannst an stressigen Tagen ganz schnell etwas Gesundes auf den Tisch zaubern. Echte Profis kochen gleich für die ganze Woche vor. Wem das zu stressig ist, plant nur für 2 Tage – auch das ist schon unheimlich hilfreich!

Damit es mit dem Meal Prepping problemlos klappt, brauchst du einen Plan! Überleg dir, was du in den nächsten Tagen essen möchtest und schreib auf, was du dafür schon vorbereiten kannst und welche Schritte du zusammenlegen kannst.

Planst du beispielsweise Nudeln mit Sauce und Nudelsalat für die gleiche Woche ein, kochst du einfach gleich eine große Portion Nudeln – das spart Zeit und doppelte Arbeit!

NUDELN, REIS & CO.

Um gekochte Nudeln aufzufrischen, gibst du sie einfach in einen Topf, übergießt sie mit kochendem Wasser und lässt sie ein paar Minuten darin ziehen – danach schmecken sie wie frisch gekocht! **Nudeln** kannst du beispielsweise für die folgenden Gerichte verwenden:
Paste e fagioli (S. 40), Pilz-Hack-Suppe (S. 43), Spaghetti mit Meatballs (S. 72), Mac and cheese (S. 74), Nudelauflauf (S. 86) und Nudelsalat (S. 109).

Auch gegarten **Reis** kannst du für viele Gerichte gebrauchen:
Bohnen-Kürbis-Eintopf (S. 51), Nasi Goreng (S. 54), Korean Beef Bowl (S. 78), Thai Green Curry (S. 81) und Burritos (S. 121).
Um Reis zu erwärmen, füllst du ihn am besten in einen Gefrierbeutel und legst ihn für ein paar Minuten in einen Topf mit kochendem Wasser.

Gekochte **Kartoffeln** sind auch praktisch:
Du kannst daraus Bratkartoffeln machen oder Kartoffelsalat (S. 112) oder sie für süße Quarkkeulchen (S. 104) verwenden.

Hilfreich ist auch ein Vorrat an **Tomatensauce** – sie findet z. B. bei Spaghetti mit Meatballs (S. 72), Muschelnudeln (S. 75), Crespelle (S. 82) und als Sauce für Pizza (S. 85) Verwendung.

Schau dir die Rezepte einfach mal mit „Meal-Prep-Augen" an. Sicherlich findest du noch das ein oder andere, was du vorbreiten kannst und was es dir noch leichter macht!

SO LANGE HÄLT'S

Gekochte Nudeln und Kartoffeln sind im Kühlschrank bis zu 3 Tage haltbar, gekochter Reis maximal 2 Tage.

KÜCHEN-EQUIPMENT

Kochen kann jeder! Aber so ganz ohne Ausrüstung bringt auch der beste Sternekoch nix auf den Tisch. Viel Equipment muss es aber für den Anfang nicht sein – hier siehst du, was du unbedingt benötigst und was darüber hinaus deine Ausstattung perfekt macht.

DAS BRAUCHST DU UNBEDINGT

- ☐ **Herd** – Mit mindestens 2 Herdplatten.
- ☐ **Töpfe** – Absolutes Minimum sind zwei mit Deckel. Ein großer und ein kleiner.
- ☐ **Pfanne** – Am besten eine beschichtete, die ist am vielseitigsten einsetzbar.
- ☐ **Pfannenwender**
- ☐ **Rührschüsseln** – Auf jeden Fall eine große, richtig smart wären noch ein, zwei weitere in verschiedenen Größen.
- ☐ **Schneidebrett**
- ☐ **Messer** – Mindestens ein kleines Gemüsemesser und ein großes Kochmesser.
- ☐ **Dosenöffner**
- ☐ **Schneebesen**
- ☐ **Siebe** – Eins mit großen Löchern zum Abtropfenlassen von Nudeln & Co. und am besten noch ein feineres Haarsieb.
- ☐ **Küchenwaage & Messbecher**
- ☐ **Vierkantreibe**
- ☐ **Küchenhandtücher**

DAMIT GEHT'S NOCH BESSER

Backofen + Backblech, Nudelholz, Muffinblech, Kuchenformen (Springform 26 cm Ø, Kastenform 25 cm Länge), Auflaufform, Küchenpinsel, Stabmixer/Pürierstab, Handrührgerät, Knoblauchpresse, Salatschleuder, Kartoffelstampfer, Schöpfkelle, Sparschäler, Zitruspresse

YOU NEED

Bei den meisten Rezepten in diesem Buch kommst du mit der genannten Grundausstattung aus. Für einige Rezepte werden jedoch ein Backofen oder sonstiges Zusatz-Equipment benötigt, das nicht in jeder Studentenküche vorhanden ist. Diese Rezepte sind mit einem „You need"-Button gekennzeichnet, damit du sofort siehst, ob das Rezept für dich umsetzbar ist oder ob du erst aufrüsten musst.

LOS GEHT'S!

Für den KLEINEN HUNGER

Ein kleiner Snack gefällig? Als flotter Energiekick zwischendurch oder als Stärkung für die Lernpause? Bitteschön: In diesem Kapitel findest du lauter leckere Ideen für den kleinen Hunger – von Sandwiches, Wraps und Dips über kleine Gerichte bis hin zu köstlichen Sattmacher-Salaten.

Mit spicy Salsa und Avocado

FLADENBROT-TASCHE

Flott gemacht und superlecker – diese gefüllte Pita-Tasche mit chiliger Sauce, Avocado, Tomate und Frischkäse lässt keine Wünsche offen! Und gesund ist sie auch: Avocado hat jede Menge Mineralien, Vitamine und wertvolle Fette und beugt Heißhungerattacken vor. Frischkäse steuert ordentlich Eiweiß und Kalzium bei und das sonstige Grünzeug tut sein Übriges dazu.

20 Min. | **FÜR 1** Portion | **PRO PORTION** 330 kcal | 14 g E | 15 g F | 35 g KH

1 Tomate • 1/4 rote Zwiebel • 1/8 rote Chilischote • 1 Stängel Basilikum (alternativ 1/4 Tl getrocknetes Basilikum) • 50 g Hüttenkäse (Körniger Frischkäse) • Salz • Pfeffer • 2 Salatblätter • 1/2 Avocado • Saft von 1/2 Limette • 1 Pita-Brottasche

1 Für die Salsa Tomate waschen, halbieren, Stielansatz rausschneiden und die Tomate in kleine Würfel schneiden. Zwiebel schälen und fein hacken. Chili waschen, putzen und fein hacken. Basilikum waschen, trocken schütteln, Blätter abzupfen und fein hacken. Alles in einer Schüssel mit dem Hüttenkäse verrühren und mit Salz und Pfeffer abschmecken.

2 Für die Füllung die Salatblätter waschen und trocken schütteln. Das Fruchtfleisch der Avocado mit einem Löffel aus der Schale lösen, dann in Scheiben schneiden und mit etwas Limettensaft beträufeln.

3 Die Pita-Brottasche auf dem Toaster rösten. Wenn du keinen Toaster hast, röste sie einfach in der (Grill-)Pfanne: Einfach hineinlegen, einen mit Wasser befüllten Topf zum Beschweren draufstellen und von beiden Seiten ca. 2 Minuten bei mittlerer Hitze rösten.

4 Das Brot nach Bedarf halbieren und aufschneiden, dann mit Salatblättern auskleiden und die Avocado-Scheiben und die Salsa hineinfüllen.

RESTEKÜCHE

Wenn du die restliche Avocado nicht einfach so aufisst, mach doch flott eine Guacamole für den nächsten Tag daraus – so kannst du auch gleich noch Zwiebel, Chili und Limette nutzen. Einfach das Fruchtfleisch zusammen mit etwas gehackter Zwiebel und etwas fein gehackter Chili in eine Schüssel geben und mit einer Gabel zu einem cremigen Dip „zermatschen“. Klassischerweise kommt noch etwas gehackter Knoblauch dazu. Dann nur noch mit etwas Limettensaft und Salz abschmecken. Schmeckt z. B. super auf einem Wrap oder Baguette mit Räucherlachs oder einfach zum Dippen von Pommes, Wedges oder Chips.

GREEK SALAD IM WRAP

Schmeckt nach Urlaub

25 Min. | **FÜR 1** Portion | **PRO PORTION** 494 kcal | 15 g E | 31 g F | 37 g KH

1/4 Salatgurke • 1/4 gelbe Paprikaschote • 1/2 Tomate • 1/4 rote Zwiebel • 50 g Feta • ein paar Oliven ohne Stein • 1 El Olivenöl • 1/2 Tl Zitronensaft • Salz • Pfeffer • 3 Salatblätter • 1 Tortilla-Wrap (Weizenfladen, ca. 25 cm Ø)

1 Für die Füllung Gurke waschen, putzen, längs halbieren und die Kerne mit einem Löffel herauskratzen (damit die Füllung nicht zu wässrig wird). Paprika putzen und waschen. Tomate waschen und Stielansatz rausschneiden. Zwiebel schälen. Feta trocken tupfen. Alles samt der Oliven in ganz kleine Würfel schneiden und in einer Schüssel mit Olivenöl und Zitronensaft vermischen. Mit etwas Salz und Pfeffer abschmecken.

2 Nun den Salat waschen und trocken schütteln. Auf den Wrap legen, dann die Füllung darauf verteilen – aber nicht bis ganz an den Rand, sonst quillt beim Aufrollen alles an der Seite wieder raus! Jetzt alle vier Seiten erst leicht nach innen einschlagen, dann den Wrap von einer Seite her aufrollen.

TOAST HAWAII 2.0

mit saftigem Hack-Patty

25 Min. | **FÜR 1** Portion | **PRO PORTION** 666 kcal | 36 g E | 44 g F | 32 g KH

1 Tl Wild-Preiselbeeren (aus dem Glas) • 2 El Schmand • 1/2 Scheibe Kochschinken • 1 Salatblatt • 100 g Rinderhack • Salz • Pfeffer • 1 El Rapsöl • 1 Scheibe Toastbrot • 1 Scheibe Ananas (aus der Dose) • 1 Scheibe Gouda

1 Den Backofen auf 200 °C vorheizen. Ein Backblech mit Backpapier auslegen. Die Preiselbeeren mit dem Schmand in einer Schüssel zu einer Creme verrühren. Schinken und Salat in feine Streifen schneiden und in einer Schüssel vermischen.

2 Das Hackfleisch mit etwas Salz und Pfeffer würzen, dann ein flaches Burger-Patty daraus formen. Das Öl in einer Pfanne erhitzen und das Patty darin bei starker Hitze von beiden Seiten je ca. 3 Minuten braten.

3 Nun geht's ans Zusammenbasteln: Die Toastscheibe mit der Schmand-Creme bestreichen. Die Salat-/Schinkenstreifen darauf verteilen. Patty und die abgetropfte Ananasscheibe darauflegen. Mit Gouda bedecken. Dann ab damit in den Ofen und auf der mittleren Schiene überbacken, bis der Käse goldgelb geschmolzen ist. Wer mag, gibt zum Schluss noch ein paar Wild-Preiselbeeren darauf.

1 x KOCHEN, 2 x ESSEN

Mach gleich die doppelte Menge Creme und brat zwei Pattys – dann kannst du dir am nächsten Tag schnell noch einen Toast machen!

BACKCAMEMBERT

mit nussiger Kruste

20 Min. | **FÜR 1** Portion | **PRO PORTION** 740 kcal | 26 g E | 69 g F | 5 g KH

1 Camembert (à ca. 125 g) • 30 g Pekannüsse • 1/4 Knoblauchzehe • 1 Prise getrockneter Thymian • 1 Messerspitze Chilipulver • 1 Tl Olivenöl • 1 Prise Salz • 1 Tl Honig

1 Den Backofen auf 200 °C vorheizen. Eine feuerfeste Form (oder ein Backblech) mit Backpapier auslegen und den Camembert hineinlegen.

2 Die Nüsse grob hacken. Knoblauch schälen und fein würfeln. Beides mit den restlichen Zutaten, außer dem Honig, in einer Schüssel gut vermischen. Die Nussmischung auf dem Camembert verteilen, den Honig drüberträufeln und ab in den Ofen (mittlere Schiene) damit – nach etwa 10 Minuten duftet es herrlich und der Käse ist warm und weich. Dazu ein bisschen Baguette und das Käse-Glück ist perfekt.

GENIAL DAZU
Preiselbeeren, Feigen oder ein Klecks Johannisbeergelee!

THUNFISCH-SALAT

mit weißen Bohnen & Tomaten

25 Min. | **FÜR 2** Portionen | **PRO PORTION** 831 kcal | 51 g E | 34 g F | 45 g KH

+ ca. 15 Min. Ziehzeit

2 El Zitronensaft • 1 Prise Zucker • Salz • Pfeffer • 3 El Olivenöl • 1/2 Bund Basilikum • 400 g weiße Bohnen (aus Glas oder Dose) • 1/2 rote Zwiebel • 200 g Kirschtomaten • 1 Dose Thunfisch ohne Öl (140 g)

1 Für das Dressing Zitronensaft mit 1 Prise Zucker und etwas Salz und Pfeffer verrühren. Das Olivenöl zugeben und kräftig drunterschlagen. Basilikum waschen, trocken schütteln, Blätter abzupfen, grob hacken und in das Dressing rühren.

2 Die Bohnen in einem Sieb mit kaltem Wasser abspülen und abtropfen lassen. Zwiebel schälen und in dünne Ringe schneiden. Tomaten waschen und halbieren.

3 Den Thunfisch abtropfen lassen, in eine Salatschüssel geben und mit einer Gabel grob zerpflücken. Bohnen, Zwiebeln, Tomaten und das Dressing dazugeben und alles gut vermischen. Mindestens 15 Minuten durchziehen lassen, danach noch einmal mit Salz und Pfeffer abschmecken. Kann auch gut noch am nächsten Tag gegessen werden!

SUPER TO-GO-SNACK!

Mit Frischkäse-Dip

KONFETTI-FRIKADELLEN

Diese Frikadellen sind so was wie die Fitness-Variante von Omas Frikadellen. Superlecker und innen hübsch bunt. Übrigens auch prima für die nächste WG-Party – schließlich machen die bunten Bällchen viel mehr her als klassische Frikadellen.

30 Min.

FÜR 2 Portionen

PRO PORTION
670 kcal | 37 g E | 46 g F | 28 g KH

FÜR DIE FRIKADELLEN
1/2 rote Zwiebel • je 1 rote, gelbe und grüne Paprikaschote • 250 g gemischtes Hackfleisch (Rind und Schwein) • 20 g Semmelbrösel • 1 kleines Ei • 1/2 Tl Senf • 1/2 Tl Paprikapulver, edelsüß • 1/2 gestrichener Tl Salz • 1/4 Tl Pfeffer • 2 El Rapsöl zum Braten

FÜR DEN DIP
1 Bund Schnittlauch • 50 g Frischkäse • 125 g griechischer Joghurt • Salz • Pfeffer

---

1 Zwiebel schälen und fein hacken. Die Paprikaschoten putzen, waschen und jeweils 1/4 davon fein würfeln, den Rest in Streifen schneiden.

2 Das Hackfleisch in eine Schüssel geben. Zwiebeln, Paprikawürfel, Semmelbrösel, Ei, Senf und die Gewürze dazugeben und die Masse mit den Händen gut durchkneten, sodass alle Zutaten gleichmäßig verteilt sind. Aus der Masse Frikadellen formen.

3 Das Öl in einer Pfanne erhitzen und die Frikadellen darin zunächst von beiden Seiten scharf anbraten, dann auf kleinerer Flamme fertig braten, dabei ab und zu wenden – das dauert ca. 15 Minuten. Falls es in der Pfanne zu eng werden sollte, in 2 Portionen oder in 2 Pfannen braten.

4 In der Zwischenzeit den Dip zubereiten: Schnittlauch waschen, trocken schütteln und in Röllchen schneiden. Mit Frischkäse und Joghurt in eine Schüssel geben und verrühren, dann mit Salz und Pfeffer abschmecken.

5 Die Frikadellen mit dem Dip und den Paprikastreifen schmecken lassen – sie sind auch kalt superlecker!

AUCH SUPER FÜR UNTERWEGS

Wenn du die Frikadellen mit in die Uni nehmen willst, einfach abkühlen lassen und zusammen mit den Paprikastreifen in eine Box packen. Den Dip separat in einem Glas transportieren.

STRAMMER MAX

Mal veggie mit Avocado

15 Min. | **FÜR 1** Portion | **PRO PORTION** 290 kcal | 12 g E | 17 g F | 23 g KH

1/4 Avocado • 1 Spritzer Zitronensaft • Salz • Pfeffer • 1/2 Tomate • 1 Gewürzgurke • 1 TI Butter • 1 Ei • 1 Scheibe Vollkornbrot • Schnittlauchröllchen zum Garnieren nach Belieben

---

1 Das Fruchtfleisch der Avocado mit einem Löffel aus der Schale holen und in einer Schüssel mit einer Gabel zerdrücken. Mit Zitronensaft, Salz und Pfeffer abschmecken.

2 Tomate waschen und in Scheiben schneiden. Die Gewürzgurke in Scheiben schneiden.

3 Für das Spiegelei die Butter in einer Pfanne bei mittlerer Hitze schmelzen lassen. Das Ei mit einem Messer aufschlagen und in die Pfanne gleiten lassen. Mit Salz und Pfeffer würzen. 3–4 Minuten braten, bis das Eiweiß fest, das Eigelb aber noch etwas weich ist (wenn du das Eigelb lieber fest haben möchtest, wende das Ei nach der Hälfte der Backzeit).

4 Das Brot mit Avocadomus bestreichen, Spiegelei, Tomaten- und Gurkenscheiben drauf und nach Belieben mit Schnittlauch bestreuen.

GRIECHISCHES OMELETT

mit Feta & Oliven

30 Min. | **FÜR 1** Portion | **PRO PORTION** 446 kcal | 26 g E | 35 g F | 7 g KH

1/2 rote Zwiebel • 40 g schwarze Oliven (entsteint) • 50 g Cocktailtomaten • 50 g Feta • 2 Eier • 25 ml Milch • 1 TI Olivenöl

---

1 Zwiebel schälen und in feine Ringe schneiden. Die Oliven in Ringe schneiden. Cocktailtomaten waschen, trocken reiben und halbieren. Den Feta abtropfen lassen und grob zerbröseln.

2 Die Eier in einen Rührbecher aufschlagen, die Milch dazugeben und alles kräftig verrühren. Das Olivenöl in einer beschichteten Pfanne auf mittlerer Stufe erhitzen und die Zwiebelringe darin 1 Minute anbraten. Die Eier-Mischung darüber verteilen und die Hitze auf kleinste Stufe reduzieren.

3 Oliven, Tomaten und Feta darüberstreuen, die Pfanne mit einem Deckel verschließen und das Omelett 12–15 Minuten garen, bis das Ei vollständig gestockt ist. Wenn du keinen Deckel für die Pfanne hast, stell einfach einen großen Teller drauf – aber Vorsicht beim Abnehmen: Der Teller wird ordentlich heiß!

Aus dem Ofen

SALSICCIA-BÄLLCHEN MIT TOMATEN

30 Min.

FÜR 1 Portion

PRO PORTION
422 kcal | 16 g E | 39 g F | 3 g KH

1 Den Backofen auf 200 °C vorheizen. Die Tomaten waschen. Knoblauch schälen und fein hacken. Tomaten, Knoblauch, Kräuter der Provence, Olivenöl, etwa 1/2 Tl Salz und etwas Pfeffer in einer Auflaufform vermischen, dann ab damit in den Ofen und auf der mittleren Schiene ca. 20 Minuten backen.

2 Inzwischen die Salsiccia aus der Pelle drücken und das Wurstbrät zu 2 cm großen Bällchen formen. Das Öl in einer Pfanne erhitzen und die Bällchen darin von allen Seiten braun braten. Zu den Ofentomaten geben und servieren.

YOU NEED
Backofen, Auflaufform

ZUTATEN
100 g Cocktailtomaten • 1/4 Knoblauchzehe • 1 Tl Kräuter der Provence • 1 Tl Olivenöl • Salz • Pfeffer • 75 g Salsiccia (Fenchelbratwurst) • 1 Tl Rapsöl

Flott gemacht & superlecker

RÄUCHERLACHS-WRAP

Wraps sind einfach ideal für die schnelle Studentenküche, und dieser hier ist einfach unwiderstehlich! Wenn du keine Tortilla-Wraps hast, geht es auch mit Salat! Einfach die Creme auf ein Salatblatt streichen, Lachs, Gurke und Radieschen drauf und einwickeln – mega leicht und mega lecker!

25 Min.

FÜR 1 Wrap

PRO WRAP 327 kcal | 23 g E | 12 g F | 30 g KH

FÜR DIE FRISCHKÄSE-CREME
50 g Frischkäse • 25 g saure Sahne • 1/2 Tl gehackter Dill (TK) • Salz • Pfeffer • 1 Tl Zitronensaft

FÜR DIE FÜLLUNG
1/8 Salatgurke • 1 Radieschen • 2 Salatblätter • 50 g Räucherlachs

AUSSERDEM
1 Tortilla-Wrap (Weizenfladen, ca. 25 cm Ø)

1
Für die Creme Frischkäse, saure Sahne und Dill in einer Schüssel verrühren. Mit Salz, Pfeffer und Zitronensaft abschmecken.

2
Für die Füllung Gurke waschen, putzen, längs halbieren und in dünne Scheiben schneiden. Radieschen waschen, Blätter und Wurzelende abschneiden und ebenfalls in dünne Scheibchen schneiden. Salatblätter waschen und trocken schütteln. Lachs in Stücke schneiden.

3
Den Wrap mit Frischkäse-Creme bestreichen. Salatblätter und Lachs drauflegen. Gurken und Radieschen darauf verteilen, dabei den Rand aussparen. Das untere Ende vom Wrap ein Stück nach oben einklappen und die beiden Seiten nach innen einschlagen, dann den Wrap von unten nach oben aufrollen.

AUCH SUPER
ZUM MITNEHMEN!

PULLED-LACHS-BURGER

mit Honig-Senf-Sauce

35 Min. | **FÜR 1** Burger | **PRO BURGER** 380 kcal | 26 g E | 16 g F | 32 g KH

1 Lachsfilet (à ca. 100 g) • Salz • Pfeffer • 1 Tl Honig • 1 El Senf • 1/4 Zwiebel • 1 Burger Bun • 1 El Frischkäse • 1 Salatblatt • 1 Tl gehackter Dill (TK)

1 Den Backofen auf 80 °C vorheizen. Ein Backblech mit Backpapier belegen. Den Lachs mit Küchenkrepp trocken tupfen, auf das Backblech legen, mit etwas Salz und Pfeffer würzen, dann ca. 25 Minuten auf der mittleren Schiene garen.

2 Inzwischen für die Sauce Honig und Senf gut verrühren. Zwiebel schälen und in ganz dünne Ringe schneiden. Den Bun aufschneiden und nach Belieben kurz mit auf das Backblech legen und aufbacken.

3 Den Lachs aus dem Ofen nehmen und auf einem Teller mithilfe von zwei Gabeln auseinanderzupfen (pullen). Die untere Hälfte des Buns mit Frischkäse bestreichen, den Salat darauflegen, etwas Dill draufstreuen, dann den gepullten Lachs darauf verteilen. Die Sauce über den Lachs träufeln, Zwiebelringe darauflegen und den Brötchendeckel auflegen.

KUGEL-OMELETTS

aus der Muffinform

25 Min. | **FÜR 6** Stück | **PRO STÜCK** 115 kcal | 8 g E | 8 g F | 2 g KH

2 Frühlingszwiebeln • 1 rote Spitzpaprika • 1 Tl Rapsöl • 25 g magere Schinkenspeckwürfel • 4 Eier • 50 ml Milch • Salz • Pfeffer • 25 g geriebener Käse (z. B. Emmentaler oder Gouda) • Öl für die Muffinform

1 Die Frühlingszwiebeln putzen, waschen und in feine Ringe schneiden. Paprika putzen, waschen und in sehr kleine Würfel schneiden. Das Öl in einer beschichteten Pfanne erhitzen. Frühlingszwiebeln, Paprika und Schinkenspeckwürfel darin bei mittlerer Hitze unter Rühren 3 Minuten anbraten. Aus der Pfanne nehmen.

2 Den Backofen auf 200 °C vorheizen. Die Eier mit der Milch, 1/2 Tl Salz und etwas Pfeffer in eine Schüssel geben und gut verrühren.

3 6 Mulden eines Muffinblechs mit Öl auspinseln. Die Paprika-Mischung auf die 6 Mulden verteilen. Die Eimasse gleichmäßig darübergießen – die Mulden sollten jeweils zu ca. 3/4 gefüllt sein. Zum Schluss den Käse darüberstreuen.

4 Die Muffin-Omeletts auf der mittleren Schiene 12–15 Minuten goldbraun backen. Aus dem Ofen nehmen und in der Form ein paar Minuten abkühlen lassen, dann mit einem Messer vom Rand der Form lösen und mit einem Esslöffel aus den Mulden heben. Schmecken warm und kalt und halten sich im Kühlschrank bis zu 3 Tage.

CHEESE SANDWICH

aus der Pfanne

10 Min. | FÜR 1 Portion | PRO PORTION 390 kcal | 11 g E | 28 g F | 24 g KH

2 Scheiben Toastbrot • etwa 2 El Butter zum Bestreichen • etwa 6 El geriebener Käse zum Bestreuen

1 Die Toastscheiben jeweils auf einer Seite ordentlich mit Butter bestreichen. Eine Pfanne auf mittlere Temperatur erhitzen und eine Toastscheibe mit der gebutterten Seite nach unten hineinlegen. Die obere Seite üppig mit Käse bestreuen. Die andere Toastscheibe mit der gebutterten Seite nach oben darauflegen und 30 Sekunden mit einem Pfannenwender anpressen.

2 Nach etwa 2 Minuten das Sandwich wenden und etwas Käse daraufstreuen. Nach ca. 2 Minuten erneut wenden, kurz mit dem Pfannenwender anpressen, dann mit etwas Käse bestreuen. Nach weiteren 2–3 Minuten nochmals wenden und noch etwa 1 Minute braten. Das Sandwich aus der Pfanne nehmen und diagonal halbieren.

PIZZA-OMELETT

mit Pesto & Salami

30 Min. | FÜR 1 Omelett | PRO OMELETT 320 kcal | 18 g E | 24 g F | 3 g KH

20 g Babyspinat • 1 kleine Tomate • 2 Eier • 50 ml Milch • Salz • Pfeffer • 1 El Rapsöl zum Braten • 2 Tl grünes Pesto (Fertigprodukt) • 20 g Salami in Scheiben • 30 g geriebener Gouda

1 Den Spinat waschen, trocken schütteln und in Streifen schneiden. Tomate waschen, Stielansatz rausschneiden und in Scheiben schneiden.

2 Die Eier in eine Schüssel aufschlagen, Milch zugeben und alles gut verrühren. Salzen und pfeffern. Das Öl in einer beschichteten Pfanne erhitzen. Die Eimasse hineingeben und bei mittlerer Hitze und geschlossenem Deckel 10 Minuten stocken lassen (wenn du keinen Deckel hast, leg einen großen Teller drauf – Achtung, wird sehr heiß).

3 Das gestockte Omelett mit Pesto bestreichen, Tomaten- und Salamischeiben drauflegen und mit Käse bestreuen. Den Deckel wieder schließen und weitere 10 Minuten stocken lassen. Mit dem Spinat belegt schmecken lassen.

Vitamine vom Blech

OFENGEMÜSE

Ofengemüse ist perfekt für die flotte Studentenküche. Das Gemüse kannst du nach Lust und Laune variieren. Auch lecker: Zucchinischeiben, Paprikastücke und Kartoffelsticks. Wer mag, legt ca. 15 Minuten vor Ende der Garzeit noch ein Stück Lachs mit aufs Blech!

15 Min. | **FÜR 2** Portionen | **PRO PORTION** 160 kcal | 5 g E | 9 g F | 16 g KH

+ ca. 30 Min. Backzeit

1/2 rote Zwiebel • 1/2 Knoblauchzehe • 1 mittelgroße Zucchini • 200 g Hokkaido-Kürbis • 1 Rote Bete • 130 g Kichererbsen (aus der Dose) • 3 El Olivenöl • 2 Tl flüssiger Honig • 1 Tl Ras el-Hanout • Salz • Pfeffer • 1/4 Bund gehackte Petersilie nach Belieben

1

Den Backofen auf 180 °C vorheizen. Ein Backblech mit Backpapier auslegen. Zwiebel schälen und in Ringe schneiden. Knoblauch schälen und in Scheiben schneiden. Zucchini waschen, putzen und in Scheiben schneiden. Kürbis waschen, putzen, halbieren, die Kerne mit einem Löffel herausschaben, dann in dünne Spalten schneiden (der Hokkaido muss nicht geschält werden, praktisch nicht?). Rote Bete schälen und ebenfalls in dünne Spalten schneiden – am besten mit Küchenhandschuhen, sie färbt nämlich wie verrückt. Kichererbsen in einem Sieb abspülen und abtropfen lassen.

2

Alles auf dem Backblech verteilen und mit 2 El Olivenöl und 1 Tl Honig beträufeln. Mit Ras el-Hanout, Salz und Pfeffer würzen. Im Backofen auf der mittleren Schiene 25–30 Minuten backen.

3

Das Gemüse mit dem restlichen Öl und dem restlichen Honig beträufeln. Wer mag und hat, streut noch gehackte Petersilie drüber.

YOU NEED
Backofen

RESTEFEST

Wenn was übrig bleibt, super – dann hast du gleich ein Essen für den nächsten Tag. Einfach in einer Pfanne erwärmen!

CHAMPIGNON-PFANNE

mit Knoblauch-Dip

15 Min. | FÜR 2 Portionen | PRO PORTION 290 kcal | 7 g E | 28 g F | 3 g KH

1 Knoblauchzehe • 100 g Crème fraîche • 50 ml Sahne • Salz • Pfeffer • 1/2 Tl getrocknete italienische Kräuter • 1/2 Zwiebel • 250 g frische Champignons • 1 El Rapsöl • 1 Tl Paprikapulver, edelsüß

1 Knoblauch schälen und fein hacken. Für den Dip Crème fraîche mit Sahne, 1/4 Tl Salz, 1 Prise Pfeffer, italienischen Kräutern und 1/3 des Knoblauchs verrühren.

2 Zwiebel schälen und fein würfeln. Champignons mit Küchenkrepp säubern, die Stielenden wegschneiden, dann vierteln. Eine Pfanne auf mittlere Temperatur erhitzen, das Öl dazugeben und die Champignons darin 5–6 Minuten andünsten. Dann Zwiebel und den restlichen Knoblauch dazugeben, durchrühren, mit Salz, Pfeffer und Paprikapulver würzen und weitere 2–3 Minuten unter Rühren garen. Die Champignons mit dem Knoblauch-Dip servieren.

LECKER BRUSCHETTA

Reste kannst du super am nächsten Tag für Pilz-Bruschetta verwenden! Dazu den Backofen auf 200 °C vorheizen. 1 Scheibe Brot dünn mit Butter bestreichen, auf ein mit Backpapier belegtes Backblech legen und ca. 2 Minuten pro Seite im Ofen anrösten. Die Champignons etwas klein schneiden, kurz in einer Pfanne erwärmen und auf dem Brot verteilen. Etwas geriebenen Käse darüberstreuen und für einige Minuten im Ofen goldbraun überbacken.

CAMEMBERT SPREAD BAGUETTE

Mega easy, mega lecker

10 Min. | FÜR 1 Portion | PRO PORTION 530 kcal | 31 g E | 33 g F | 28 g KH

1/2 Zwiebel • 1/2 Knoblauchzehe • 125 g Camembert • 1 Tl gehackte Petersilie (TK) • 1 Brötchen • 1/2 Tomate

1 Den Backofen auf 180 °C vorheizen. Zwiebel und Knoblauch schälen und fein hacken. Den Camembert in einer Schüssel mit einer Gabel zerdrücken. Zwiebel, Knoblauch und Petersilie dazugeben und alles gut vermischen.

2 Das Brötchen aufschneiden, mit der Masse bestreichen, auf ein Backblech legen und 5 Minuten im Ofen auf der mittleren Schiene überbacken. Die Tomate in Streifen schneiden und die Brötchenhälften damit belegen.

YOU NEED
Backofen

ROTE-BETE-SALAT
mit gebackenem Ziegenkäse

30 Min.

FÜR 1 Portion

PRO PORTION 740 kcal | 22 g E | 49 g F | 51 g KH

1 vorgegarte Rote Bete • 10 ml Orangensaft • 1 Tl Honig • Saft von 1/4 Zitrone • 1 Ziegenfrischkäserolle (à ca. 100 g) • 1/2 Tl brauner Zucker (alternativ Honig) • 1 Messerspitze Chilipulver • 150 g Rucola • 2 Walnusshälften • Salz • Pfeffer • 1 El Olivenöl

1 Den Backofen auf 200 °C vorheizen. Ein Backblech mit Backpapier belegen. Rote Bete halbieren und in Scheiben schneiden (am besten mit Küchenhandschuhen, sonst gibt's rote Hände!). Orangensaft mit Honig und Zitronensaft in einem Topf aufkochen, kurz einkochen lassen, dann vom Herd nehmen. Rote Bete einrühren und durchziehen lassen.

2 Die Frischkäserolle in Scheiben schneiden und auf das Backblech legen. Zucker und Chilipulver mischen, den Ziegenkäse damit bestreuen und im Ofen auf oberster Schiene 5–8 Minuten überbacken.

3 Rucola verlesen, waschen und trocken schütteln. Walnüsse grob hacken. Rote Bete mit Salz und Pfeffer abschmecken und das Olivenöl unterrühren. Rucola und Rote Bete auf einem Teller verteilen, den Ziegenkäse daraufsetzen und die Walnüsse drüberstreuen. Dazu schmeckt Baguette.

YOU NEED
Backofen

SANDWICH
mit Pulled Chicken

25 Min.

FÜR 1 Sandwich

PRO SANDWICH 650 kcal | 38 g E | 35 g F | 46 g KH

1 Tl Rapsöl • 1 Hähnchenbrustfilet (à ca. 150 g) • Salz • Pfeffer • 1 Tomate • 1 Ciabatta-Brötchen • 1 El Mayonnaise • 2 Salatblätter • 3 Tl scharfe Sauce nach Belieben

1 Das Öl in einer Pfanne erhitzen und das Fleisch darin bei starker Hitze auf jeder Seite 4–5 Minuten braten. Dann kräftig salzen und pfeffern und 250 ml Wasser angießen. Mit einem Deckel verschließen (zur Not tut's auch ein Teller) und 10 Minuten bei mittlerer Hitze köcheln lassen. Das Fleisch dann rausnehmen, in eine hohe Schale legen und mithilfe von zwei Gabeln auseinanderzupfen (pullen).

2 Tomate in Scheiben schneiden. Das Brötchen halbieren und längs aufschneiden. Alle Hälften mit Mayo bestreichen. Die unteren Hälften mit Salat belegen und darauf das Hähnchen verteilen. Die Tomatenscheiben darauflegen und nach Geschmack mit etwas scharfer Sauce beträufeln. Deckel drauf – fertig.

YOU NEED
Standmixer oder Pürierstab

DIPS & AUFSTRICHE

Aufstriche und Dips verwandeln Brot und Brötchen ruck, zuck in köstliche Snacks. Auch zu Gemüsesticks schmecken sie super. Da sie sich im Kühlschrank mehrere Tage halten, kannst du sie gut auf Vorrat machen. So bist du immer gut gerüstet!

Kichererbsen-Dip

10 Min. | **FÜR 2** Portionen | **PRO PORTION** 180 kcal | 9 g E | 4 g F | 25 g KH

200 g Kichererbsen (aus der Dose) • 1/2 rote Chilischote • 2 Zweige frischer Koriander • 1/2 Tl Ras el-Hanout • 1 El Zitronensaft • Salz

Die Kichererbsen in einem Sieb gründlich abspülen und abtropfen lassen. Chili putzen, entkernen, waschen und grob hacken. Koriander waschen, trocken schütteln und grob zerkleinern. Alles zusammen mit Ras el-Hanout, Zitronensaft und 35 ml Wasser mit einem Pürierstab oder im Standmixer fein pürieren. Mit Salz abschmecken. Bis zum Servieren kühl stellen.

Avocado-Aufstrich

10 Min. | **FÜR 2** Portionen | **PRO PORTION** 284 kcal | 5 g E | 27 g F | 5 g KH

1 reife Avocado • 100 g Frischkäse • 1 El Limettensaft • Salz • Pfeffer

Avocado halbieren und den Kern entfernen. Das Fruchtfleisch aus der Schale löffeln und in ein hohes Gefäß geben. Frischkäse und Limettensaft zugeben und alles mit einem Pürierstab oder im Standmixer cremig mixen. Mit Salz und Pfeffer abschmecken. Bis zum Servieren kühl stellen.

Hähnchen-Curry-Dip

15 Min. | FÜR 2 Portionen | PRO PORTION 271 kcal | 19 g E | 20 g F | 4 g KH

1/2 Knoblauchzehe • 1 Stück frischer Ingwer (0,5–1 cm) • 100 g gegartes Hähnchenbrustfilet • 25 g Schmand • 100 g Frischkäse • 1 Tl Erdnussbutter • 1 Tl Currypulver • Salz • Pfeffer

Knoblauch und Ingwer schälen und fein hacken. Das Fleisch in kleine Würfel schneiden. Alles zusammen mit dem Schmand in einen Standmixer geben und pürieren. Frischkäse, Erdnussbutter und Curry zugeben. Alles erneut pürieren, dann mit Salz und Pfeffer abschmecken. Bis zum Servieren kühl stellen.

Feta-Aufstrich

10 Min. | FÜR 2 Portionen | PRO PORTION 255 kcal | 10 g E | 23 g F | 2 g KH

1/2 Schalotte • 1/4 Knoblauchzehe • 10 g getrocknete Tomaten in Öl • 75 g Feta • 75 g Frischkäse • Salz • Pfeffer • getrocknete Kräuter der Provence

Schalotte und Knoblauch schälen, sehr fein hacken und in ein hohes Püriergefäß geben. Tomaten fein hacken und mit dem zerbröckelten Feta und dem Frischkäse dazugeben. Alles mit dem Pürierstab zu einer cremigen Paste mischen. Mit Salz, Pfeffer und den Kräutern abschmecken. Bis zum Servieren kühl stellen.

PRAKTISCH
Die Dips sind im Kühlschrank bis zu 3 Tage haltbar!

Easy Cooking

SUPPEN KÜCHE

Du kennst doch bestimmt die Geschichte vom Suppenkasper ... und wie sie geendet hat ... Echt traurig, wo es doch so viele unfassbar köstliche Suppen gibt! Pur, püriert, mit Nüdelchen, Fleisch, Gemüse und, und, und. So groß die Vielfalt, so groß die Vorteile: Leicht zu kochen, gut vorzubereiten und aufgewärmt gleich noch mal so lecker!

Mit Hack & Bacon

PASTINAKENSUPPE

45 Min.

FÜR 2 Portionen

PRO PORTION 506 kcal | 31 g E | 30 g F | 28 g KH

1/2 Zwiebel • 1/2 Knoblauchzehe • 150 g mehligkochende Kartoffeln • 175 g Pastinaken • 1 Tl Butter • 1/2 Tl getrockneter Rosmarin • 300 ml Gemüsebrühe • 50 g Bacon in dünnen Scheiben • 1 Tl Olivenöl • 200 g Rinderhack • Salz • Pfeffer • 150 ml Milch • ggf. gehackte Petersilie

1

Zwiebel und Knoblauch schälen und in feine Würfel schneiden. Kartoffeln schälen und in etwa 1 cm große Würfel schneiden. Pastinaken schälen, die Enden wegschneiden und ebenfalls würfeln.

2

Die Butter in einem Topf bei mittlerer Hitze schmelzen und Zwiebeln und Knoblauch darin unter Rühren ca. 2 Minuten glasig dünsten. Dann die Pastinakenwürfel dazugeben sowie 1/4 Tl Rosmarin. Unter Rühren weitere 2 Minuten dünsten, dann die Kartoffelwürfel zugeben und ebenfalls unter Rühren 2 Minuten mitgaren. Die Brühe dazugießen, alles kurz aufkochen und dann mit geschlossenem Deckel bei schwacher Hitze etwa 15 Minuten köcheln lassen.

3

Inzwischen den Bacon in einer beschichteten Pfanne ohne Fettzugabe knusprig braten, dann aus der Pfanne nehmen und auf einem mit Küchenkrepp belegten Teller beiseitestellen.

4

Das Olivenöl in die Pfanne geben und erhitzen. Das Hackfleisch darin bei starker Hitze unter Rühren krümelig braten (es darf nicht mehr rot sein). Mit Rosmarin, Salz und Pfeffer abschmecken.

5

Den Topf vom Herd nehmen und die Suppe mit einem Pürierstab fein pürieren. Nach und nach die Milch einrühren, dann das Hackfleisch samt Bratfett hineingeben. Den Topf zurück auf die ausgeschaltete Herdplatte stellen und die Suppe unter Rühren 1 Minute köcheln lassen. Mit Salz und Pfeffer abschmecken (nicht zu viel Salz verwenden, der Bacon ist auch salzig) und mit dem Bacon servieren. Wer mag und hat, streut noch etwas gehackte Petersilie drüber.

YOU NEED
Pürierstab

PAPRIKASUPPE MIT FETA

Diese mediterrane Suppe bekommt den besonderen Pfiff durch die vor dem Garen im Ofen gerösteten Paprikaschoten, die man am liebsten schon sofort vom Blech wegputzen möchte ... Halt durch: Die fertige Suppe wird dich für deine Standfestigkeit entschädigen!

35 Min. | **FÜR 4** Portionen | **PRO PORTION** 227 kcal | 10 g E | 10 g F | 22 g KH

+ 25 Min. Röstzeit und 20 Min. Kochzeit

1,2 kg rote Paprikaschoten • 1 große Zwiebel • 1 Knoblauchzehe • 1 Tl Olivenöl • 1/2 Tl getrockneter Thymian • 700 ml Gemüsebrühe • Salz • Pfeffer • 150 g Feta

---

1 Den Backofen auf 220 °C vorheizen. Ein Backblech mit Backpapier auslegen. Paprika putzen, halbieren, entkernen und waschen. Die Paprikahälften mit der offenen Seite nach unten auf das Backblech legen und im Backofen auf der mittleren Schiene 20–25 Minuten rösten, bis die Schale Blasen wirft. Das Blech herausnehmen, mit einem Küchentuch abdecken und 10 Minuten ruhen lassen. Inzwischen Zwiebel und Knoblauch schälen und in kleine Würfel schneiden.

2 Mit einem Messer die Haut von den Paprikaschoten abziehen. Das Olivenöl in einem großen Topf erhitzen und Zwiebel und Knoblauch darin anschwitzen. Paprika und Thymian zugeben und die Brühe dazugießen. Die Suppe mit Salz und Pfeffer abschmecken und ca. 20 Minuten köcheln lassen. Anschließend mit einem Pürierstab fein pürieren und mit zerbröseltem Feta bestreut schmecken lassen.

YOU NEED
Backofen, Pürierstab

FLOTTER SALAT

Röste direkt mehr Paprika – daraus kannst du für den nächsten Tag nämlich schnell einen tollen Salat zaubern. Einfach in Streifen schneiden, ein paar feine Zwiebelwürfel, etwas Olivenöl und Essig oder Zitronensaft dazu und mit Salz und Pfeffer abschmecken. Und falls noch Feta übrig ist, schmeckt der auch super dazu.

Aus Bella Italia

PASTA E FAGIOLI

Nudeln und Bohnen – diesen gehaltvollen Eintopf gibt es in ganz Italien in verschiedenen Variationen. Lecker schmecken tut das ursprüngliche „Arme-Leute-Essen“ aber in allen Varianten. Außerdem ist es schnell gemacht, preiswert und macht schön satt. Studentenherz, was willst du mehr?

25 Min.

+ 25 Min. Garzeit

FÜR 2 Portionen

PRO PORTION 800 kcal | 30 g E | 42 g F | 75 g KH

1 Möhre • 1 Stange Staudensellerie • 1 kleine Zwiebel • 1 Knoblauchzehe • 60 g geräucherter durchwachsener Speck in Streifen • 1 Tl Tomatenmark • 1/2 Tl getrocknete italienische Kräuter • 375 ml Gemüsebrühe • 1/2 Tl Salz • 1/2 Tl Pfeffer • 120 g weiße Bohnen (aus der Dose) • 100 ml Sahne • 125 g Suppennudeln • 25 g geriebener Parmesan

---

1

Möhre putzen, schälen, halbieren und in Scheiben schneiden. Staudensellerie waschen, putzen und in Scheiben schneiden. Zwiebel und Knoblauch schälen und fein würfeln.

2

Den Speck in einen größeren Topf geben und bei niedriger Hitze auslassen, also das Fett rausbraten lassen. Dann Zwiebel und Knoblauch hineingeben und etwa 2 Minuten in dem Speckfett glasig dünsten. Tomatenmark einrühren und alles weitere 2 Minuten unter Rühren garen.

3

Möhren, Staudensellerie, italienische Kräuter, Gemüsebrühe und Salz und Pfeffer dazugeben. Aufkochen, dann bei niedriger Hitze mit geschlossenem Deckel etwa 15 Minuten köcheln lassen.

4

Inzwischen die Bohnen in ein Sieb gießen, abspülen und abtropfen lassen. Nach 15 Minuten Garzeit zusammen mit der Sahne in die Suppe geben. Aufkochen lassen, dann die Suppennudeln zufügen und nach Packungsanweisung in der Suppe bissfest garen. Die Suppe mit Parmesan bestreut servieren.

EINFRIER-TIPP

Die Suppe lässt sich auch super auf Vorrat kochen und portionsweise einfrieren. Gib die Sahne dann aber besser erst beim späteren Aufwärmen in die Suppe – sie flockt sonst nach dem Auftauen aus! Geschmacklich egal, optisch nicht so der Knaller ...

À la Boeuf Stroganoff

PILZ-HACK-SUPPE

Wer Boeuf Stroganoff mag, wird diese Suppe lieben! Rinderhack, Pilze, saure Sahne und Senf geben ihr den unnachahmlichen Stroganoff-Geschmack. Ein Lieblingsgericht, das einfach satt und glücklich macht!

30 Min.

FÜR 2 Portionen

PRO PORTION 895 kcal | 60 g E | 48 g F | 50 g KH

1/2 Zwiebel • 1 Knoblauchzehe • 150 g Champignons • 2 El Olivenöl • 200 g Rinderhack • Salz • Pfeffer • 1 El Tomatenmark • 1/2 Tl Worcestersauce • 1/2 Tl Paprikapulver, edelsüß • 1 Tl (Dijon-)Senf • 1 l Rinderbrühe • 125 g Bandnudeln • 100 g saure Sahne • ggf. gehackte Petersilie zum Bestreuen

---

1 Zwiebel schälen und in feine Ringe schneiden. Knoblauch schälen und fein hacken. Champignons putzen und in feine Scheiben schneiden. In einem großen Topf die Hälfte des Olivenöls erhitzen und das Hackfleisch darin krümelig braten, bis es gut gebräunt ist. Mit Salz und Pfeffer abschmecken und in einer Schüssel beiseitestellen.

2 Zwiebel, Knoblauch und Champignons mit dem restlichen Olivenöl in den Topf geben und alles darin bei mittlerer Hitze 4–5 Minuten dünsten, dabei nach etwa 2 Minuten das Tomatenmark hinzugeben und unter Rühren mitanbraten.

3 Worcestersauce, Paprikapulver, Senf, Brühe und etwas Salz und Pfeffer hinzufügen und alles zum Kochen bringen. Dann das Hack und die Nudeln zugeben und so lange kochen, bis die Nudeln gar sind.

4 Etwa 100 ml der Suppe in eine Schüssel füllen und mit der sauren Sahne verrühren. Die Mischung in die Suppe geben und gut unterrühren. Die Suppe mit Salz und Pfeffer abschmecken und – wenn du magst – mit Petersilie bestreut servieren.

MACH'S DIR LEICHTER

In diesem Gericht kannst du auch super Nudelreste vom Vortag verarbeiten. Gib sie einfach zusammen mit dem Hack in den Topf und erwärm sie in der Suppe.

BOLO-SUPPE

Geht immer!

30 Min.

FÜR 4 Portionen

PRO PORTION 375 kcal | 29 g E | 24 g F | 12 g KH

1 kleine Stange Lauch • 2 Möhren • 200 g Knollensellerie • 1 El Olivenöl • 400 g Rinderhack • 1/2 Tl Salz • 5 Prisen Pfeffer • 1 Tl Paprikapulver, edelsüß • 1 Tl getrockneter Oregano • 1 El Tomatenmark • 1 Dose stückige Tomaten (400 g) • 600 ml Gemüsebrühe • 50 g geriebener Parmesan

1 Lauch putzen, der Länge nach halbieren, waschen und quer in Streifen schneiden. Möhren und Sellerie putzen, schälen und in ziemlich kleine Würfel schneiden.

2 Das Öl in einem großen Topf erhitzen und das Hack darin bei hoher Hitze unter Rühren krümelig braten. Das Gemüse zugeben und weitere 2 Minuten braten. Mit Salz, Pfeffer, Paprikapulver und Oregano würzen. Tomatenmark einrühren und kurz anschwitzen. Dann Tomaten und Brühe zugießen, aufkochen und alles ca. 15 Minuten köcheln lassen, dabei immer mal umrühren. Die Suppe mit Salz und Pfeffer abschmecken und mit Parmesan bestreut servieren.

! PRIMA NUDELSAUCE
Einfach die Brühe weglassen und die Bolo mit Nudeln servieren!

KÄSE-LAUCH-HACK-SUPPE

Retrosuppe mit Suchtfaktor

30 Min.

FÜR 2 Portionen

PRO PORTION 805 kcal | 58 g E | 62 g F | 7 g KH

1 Stange Lauch • 1 Tl Rapsöl • 250 g Rinderhack • Salz • Pfeffer • 1 Tl Paprikapulver, edelsüß • 375 ml Gemüsebrühe • 200 g Schmelzkäse Natur • 100 g Schmelzkäse mit Kräutern

1 Lauch putzen, der Länge nach halbieren, waschen und quer in Streifen schneiden.

2 Das Öl in einem großen Topf bei mittlerer Temperatur erhitzen, das Hackfleisch hineingeben und ca. 2 Minuten unter Rühren krümelig braten. Kräftig mit Salz, Pfeffer und Paprikapulver würzen. Dann den Lauch zugeben und 5–6 Minuten mitbraten.

3 Die Gemüsebrühe zugießen, alles aufkochen, dann 10 Minuten bei niedriger Hitze köcheln lassen. Den Schmelzkäse unterrühren und schmelzen lassen, dann die Suppe nochmals kurz aufkochen. Mit Salz und Pfeffer abschmecken.

AUCH SUPER FÜR DIE PARTY!

Mit Orient-Touch

ROTE-LINSEN-SUPPE

15 Min.

FÜR 4 Portionen

+ 15 Min. Garzeit

PRO PORTION
394 kcal | 19 g E | 18 g F | 38 g KH

1 Zwiebel und Knoblauch schälen und fein hacken. Möhren putzen, schälen und in grobe Würfel schneiden. Linsen in ein Sieb geben und mit kaltem Wasser gründlich abspülen.

2 Das Öl in einem großen Topf erhitzen und Zwiebel und Knoblauch darin glasig anschwitzen. Möhren und Kreuzkümmel zugeben und kurz mitrösten. Die Linsen dazugeben, die Brühe zugießen, aufkochen lassen, dann bei kleiner Hitze ca. 15 Minuten köcheln lassen.

3 Die Suppe mit einem Pürierstab pürieren und mit Salz und Pfeffer abschmecken. Mit Haselnüssen bestreut servieren (schmeckt auch ohne).

YOU NEED
Pürierstab

ZUTATEN
1 Zwiebel • 1 Knoblauchzehe • 2 Möhren • 250 g rote Linsen • 2 El Rapsöl • 1 Tl gemahlener Kreuzkümmel • 1 l Gemüsebrühe • Salz • Pfeffer • ggf. 50 g gehackte Haselnüsse

Auf skandinavisch

KARTOFFELSUPPE

Kartoffelsuppe isst man in ganz Skandinavien gern. Oft kommen Speck, Krabben oder Lachs hinein. In dieser Suppe kann man alles haben, denn all die Leckereien werden zum Selbernehmen dazu gereicht. Perfekt für einen hyggeligen WG-Abend!

15 Min. *+ 20 Min. Garzeit*

FÜR 4 Portionen

PRO PORTION 541 kcal | 22 g E | 37 g F | 31 g KH

600 g fest- oder mehligkochende Kartoffeln • 1 Stange Lauch • 1 Zwiebel • 2 Tl Rapsöl • 1 l Gemüsebrühe • 400 ml Milch • 1 Tl Thymian • 120 g Räucherlachs • 120 g Bacon • 100 ml Sahne • Salz • Pfeffer • 100 g vorgegarte Nordseekrabben • ggf. gehackte Petersilie zum Bestreuen

1 Kartoffeln waschen, schälen und grob würfeln. Lauch putzen, der Länge nach mit einem Messer einschneiden, gründlich waschen, dann in etwa 1 cm dicke Rollen schneiden. Zwiebel schälen und fein würfeln.

2 1 Tl Öl in einem großen Topf erhitzen und die Zwiebel darin goldbraun braten. Den Lauch zugeben und 5 Minuten mitbraten. Kartoffeln, Brühe, Milch und Thymian zugeben und alles 20 Minuten bei niedriger Hitze köcheln lassen.

3 Inzwischen den Lachs in Streifen schneiden. Den Bacon in Würfel oder Streifen schneiden. 1 Tl Öl in einer Pfanne erhitzen und den Bacon darin kross braten.

4 Die Sahne in die Suppe gießen, dann die Suppe mit einem Pürierstab pürieren. Mit Salz und Pfeffer abschmecken. Bacon, Lachs und Krabben getrennt in Schüsselchen geben und zu der Suppe servieren. Wer mag und hat, streut noch Petersilie über die Suppe.

SCHMALSPUR-VARIANTE

Die Suppe hat mit Speck, Lachs und Krabben viel leckeres Gedöns im Gepäck – sie schmeckt aber auch ganz ohne oder nur mit einer Beigabe.

YOU NEED
Pürierstab

Genial mit Hack & Süßkartoffeln

KÜRBISSUPPE

Kürbissuppe ist auch so ein Gericht, mit dem man einfach nichts falsch machen kann. Unsere Variante setzt dem ganzen aber noch ein Krönchen auf. Mit orientalischem Touch und herzhafter Hack-Einlage hat sie ganz klar Potential zum Lieblingsgericht!

40 Min.

FÜR 2 Portionen

PRO PORTION 898 kcal | 53 g E | 53 g F | 52 g KH

300 g Hokkaido-Kürbis • 1 Süßkartoffel • 1 Zwiebel • 2 El Olivenöl • 1 Tl Kurkuma • 900 ml Hühnerbrühe • 1 Knoblauchzehe • 200 g Rinderhack • 1/2 Tl Kreuzkümmel • Salz • Pfeffer • 150 g griechischer Joghurt

1 Kürbis waschen, putzen, halbieren, die Kerne entfernen, dann grob in Stücke schneiden – schälen muss man den Hokkaido praktischerweise nicht! Süßkartoffel waschen, schälen und würfeln. Zwiebel schälen und klein hacken. Die Hälfte des Olivenöls in einem Topf erhitzen und die Zwiebel darin glasig dünsten. Süßkartoffel, Kürbis und Kurkuma zugeben und ca. 5 Minuten anbraten. Die Brühe zugießen, einmal aufkochen lassen, dann runter mit der Temperatur, Deckel drauf und die Suppe bei niedriger Hitze 15 Minuten köcheln lassen.

2 Inzwischen den Knoblauch schälen und fein hacken. Das restliche Olivenöl in einer Pfanne erhitzen. Den Knoblauch darin kurz anschwitzen, dann die Hitze erhöhen, das Hackfleisch zugeben und unter Rühren braten, bis es krümelig ist. Kurz vor Ende der Bratzeit den Kreuzkümmel dazugeben. Zum Schluss mit Salz und Pfeffer abschmecken.

3 Wenn das Gemüse weich ist, den Topf vom Herd nehmen und die Suppe mit einem Pürierstab pürieren. Mit Salz und Pfeffer abschmecken. Die Suppe mit etwas von der Hack-Einlage und einem Klecks Joghurt servieren. Yummy!

LIEBER VEGGIE?

Hack und Kürbis ist schon 'ne tolle Kombi. Wer's aber lieber ohne Fleisch mag, kann die Hack-Einlage auch problemlos weglassen – garantiert auch ohne superlecker!

YOU NEED

Pürierstab

LECKER DAZU
Couscous oder Reis – bei richtig großem Hunger!

Ohne Fleisch

BOHNEN-KÜRBIS-EINTOPF

Diese Suppe ist herrlich aromatisch, wärmend, sättigend – genau das, was man nach einem harten Uni-Tag im Herbst oder Winter braucht. Es geht aber auch nach einem nicht ganz so harten Tag ... und auch wenn's nicht kalt ist ... eigentlich immer ...

30 Min.

FÜR 4 Portionen

PRO PORTION 184 kcal | 7 g E | 6 g F | 20 g KH

1 Zwiebel • 1 Knoblauchzehe • 1 Stange Lauch • 1/2 Butternuss-Kürbis (ca. 1 kg) • 1 Dose gemischte Bohnen (Abtropfgewicht 240 g) • 2 El Rapsöl • 2 El Tomatenmark • 1 El Paprikapulver, edelsüß • 1 Zweig Thymian (alternativ 1/4 Tl getrockneter Thymian) • 800 ml Gemüsebrühe • Salz • Pfeffer

1

Zwiebel und Knoblauch schälen und fein hacken. Den Lauch putzen, der Länge nach halbieren, waschen und quer in Streifen schneiden. Den Kürbis waschen, putzen, schälen, halbieren, entkernen und klein würfeln. Die Bohnen in einem Sieb abspülen und abtropfen lassen.

2

In einem großen Topf das Öl erhitzen. Zwiebel und Knoblauch darin glasig dünsten. Tomatenmark einrühren, Paprikapulver zugeben und beides kurz anschwitzen. Lauch, Kürbis und Thymian zugeben und die Gemüsebrühe zugießen. Die Suppe aufkochen, dann bei niedriger bis mittlerer Hitze 15 Minuten köcheln lassen. Die Bohnen zugeben und weitere 5 Minuten köcheln lassen. Zum Schluss mit Salz und Pfeffer abschmecken.

200 ml

Bei mächtig KOHLDAMPF

Der Hunger kommt täglich und hat keine Semesterferien. Keine Sorge: Für den Fall, dass dein Magen mal wieder so richtig in den Kniekehlen hängt, findest du hier die passenden Gerichte! Die meisten sind ruck, zuck zubereitet oder können super vorbereitet oder auf Vorrat gekocht werden.

Gemüse-Reis-Pfanne

NASI GORENG

Nasi Goreng kennst du vielleicht aus der Tiefkühltheke im Supermarkt oder vom Asia-Imbiss um die Ecke. Ob du es glaubst oder nicht: Man kann es auch ganz einfach selbst machen! Du auch!

35 Min.

FÜR 2 Portionen

PRO PORTION 460 kcal | 17 g E | 17 g F | 60 g KH

125 g Langkornreis • Salz • 1 Möhre • 1/2 rote Paprikaschote • 1/2 Pak Choi (ca. 200 g) • 1/2 Zwiebel • 1 Knoblauchzehe • 1 Stück Ingwer (1 cm) • 60 g Mungobohnensprossen • 2 Eier • 2 El Sojasauce • 4 Tl Raps- oder Sesamöl • 1 Tl Currypulver • 1/2 Tl Sambal Oelek • Pfeffer

1 Den Reis wie auf der Packung beschrieben in Salzwasser kochen, dann abkühlen lassen.

2 Möhre schälen, putzen und in feine Stifte schneiden. Paprika putzen, waschen und in Streifen schneiden. Die äußeren Blätter des Pak Chois entfernen und unten den Strunkansatz wegschneiden. Die Blätter unter fließendem Wasser waschen, trocken schütteln, dann in Streifen schneiden. Zwiebel, Knoblauch und Ingwer schälen und fein hacken. Die Sprossen in einem Sieb abspülen und abtropfen lassen.

3 Die Eier mit 1 El Wasser und 1 El Sojasauce verquirlen. 1 Tl Öl in einer Pfanne erhitzen und die Eiermischung einfließen lassen. Bei mäßiger Hitze unter Rühren braten, bis die Eier anstocken, aber noch leicht cremig sind. Rausnehmen und auf einem Teller beiseitestellen.

4 In der Pfanne das restliche Öl erhitzen. Zwiebel, Knoblauch und Ingwer darin anschwitzen. Möhren, Paprika und Sprossen zugeben und unter Rühren 2 Minuten anbraten. Pak Choi zufügen und weitere 3–4 Minuten braten. Den Reis zugeben und alles mit Curry, restlicher Sojasauce und Sambal Oelek würzen. So lange weiterbraten, bis der Reis warm ist. Zum Schluss das Ei untermischen und mit Salz und Pfeffer abschmecken.

RESTEKÜCHE
Super Verwertung für Reis-Reste vom Vortag!

enjoy

FLAMMKUCHEN MIT METT

Dieser reich belegte Flammkuchen ist eine superleckere Flammkuchen-Variante für alle, die auf raffinierte, schnelle Küche stehen. Damit wird eine Mädelsrunde („Oh, mit Gemüse!“) genauso glücklich wie eine Gruppe Jungs, die zusammen Fußball guckt – obwohl die womöglich den Rucola abfriemeln ...

30 Min.

+ 10 Min. Backzeit

FÜR 2 Portionen

PRO PORTION 799 kcal | 43 g E | 67 g F | 7 g KH

1 Knoblauchzehe • 1/2 Zucchini • 2 Frühlingszwiebeln • 1 Flammkuchenteig aus dem Kühlregal (260 g) • 100 g Schmand • 4 El Olivenöl • Salz • Pfeffer • 250 g Schweinemett • 60 g Ziegenfrischkäserolle • 1 Handvoll Rucola • 25 g geriebener Parmesan

1 Den Backofen auf 200 °C (Umluft) vorheizen. Knoblauch schälen und fein hacken. Zucchini waschen, putzen und in dünne Scheiben schneiden. Frühlingszwiebeln putzen, waschen und in feine Ringe schneiden.

2 Den Flammkuchenteig auf einem Backblech entrollen. Den Schmand gleichmäßig dünn auf dem Teig verstreichen – das geht gut mit der Rückseite eines Esslöffels. Den Knoblauch drüberstreuen.

3 Die Hälfte des Olivenöls in einer Pfanne erhitzen und die Zucchinischeiben darin von beiden Seiten je ca. 2 Minuten bei mittlerer Hitze braten, dann salzen und pfeffern. Aus der Pfanne nehmen und auf einem Teller beiseitestellen.

4 Die Hitze hochdrehen, das restliche Olivenöl in die Pfanne geben und das Mett darin unter Rühren krümelig braten. Die Frühlingszwiebeln zugeben für ca. 2 Minuten mitbraten. Mit Pfeffer würzen.

5 Die Zucchinischeiben auf dem Flammkuchen verteilen, darauf das Mett und den Ziegenfrischkäse in dünnen Stücken. Ab in den Ofen damit und den Flammkuchen auf der zweiten Schiene von unten ca. 10 Minuten goldbraun und knusprig backen. In der Zwischenzeit den Rucola verlesen, waschen und trocken schütteln. Den Rucola nach dem Backen auf dem Flammkuchen verteilen, den Flammkuchen leicht pfeffern und mit Parmesan bestreuen.

YOU NEED
Backofen

CAESAR'S-SALAD-BURGER

Schmeckt wie Caesar's Salad, nur eben als Burger! Und wenn man die Wahl hat, dann nimmt man doch lieber den Burger als den Salat. Meistens zumindest. Fürs gute Gewissen und das „Ich-esse-ja-quasi-einen-Salat"-Feeling sind noch knackiger Salat und frische Tomaten am Start.

40 Min.

FÜR 2 Burger

PRO BURGER
600 kcal | 55 g E | 29 g F | 29 g KH

FÜR DIE SAUCE
2 Sardellenfilets in Öl • 1/4 Knoblauchzehe • 30 g grob geriebener Parmesan • 3 Tl Mayonnaise • 1 El saure Sahne • 1/2 Tl (Dijon-)Senf • 1/2 Tl Worcestersauce • 1 Tl Zitronensaft • 1 Prise Salz • 1 Prise Pfeffer

FÜR DEN BURGER
1/2 Knoblauchzehe • 3 El Olivenöl • Salz • Pfeffer • 2 Burger-Buns • 350 g Puten-Hackfleisch • 4 Blätter Blattsalat (z. B. Romanasalat) • 2 Scheiben Fleischtomate

---

1 Für die Sauce die Sardellen ganz fein hacken. Knoblauch schälen und ebenfalls ganz fein hacken (oder durch eine Knoblauchpresse drücken). Beides mit allen anderen Dressing-Zutaten verrühren.

2 Für den Burger Knoblauch schälen und fein hacken, dann mit 2 El Olivenöl und je 1 Prise Salz und Pfeffer vermischen. Die Burger-Buns aufschneiden und die Innenseiten mit dem Knoblauch-Öl bepinseln, dabei den Knoblauch gleichmäßig verteilen. Die Brötchenhälften mit der Innenseite nach unten in eine mittelheiße beschichtete (Grill-)Pfanne legen und ca. 3 Minuten anrösten, dann umdrehen und die Außenseiten ca. 1 Minute rösten. Aus der Pfanne nehmen und auf einem Teller beiseitestellen.

3 Das Hackfleisch in eine Schüssel geben, salzen und pfeffern, dann aus der Masse mit den Händen 2 flache Pattys formen. Das restliche Olivenöl in der Pfanne erhitzen und die Pattys darin von beiden Seiten jeweils ca. 5 Minuten bei mittlerer Hitze braten – sie müssen unbedingt innen komplett durchgegart sein! Die Pattys dann aus der Pfanne nehmen und kurz auf einem Teller mit Küchenkrepp abtropfen lassen.

4 Inzwischen die Salatblätter waschen und trocken tupfen. Die unteren Brötchenhälften mit dem Salat belegen, die Pattys drauflegen, die Sauce darauf verteilen, dann jeweils 1 Tomatenscheibe drauflegen und die oberen Brötchenhälften aufsetzen.

UND MORGEN SALAT!
Aus Salat-, Tomaten- und Dressing-Resten kannst du dir am nächsten Tag ruck, zuck einen leckeren Salat zaubern. Einfach noch ein hart gekochtes Ei und Weißbrot dazu – fertig!

Mit Cheddar überbacken

KÜRBIS-LASAGNE

Lasagne mit Hack kennt fast jeder, mit Lachs auch. Beides superlecker. Aber es geht auch ganz prima vegetarisch! Mit aromatischem Hokkaido-Kürbis und würzigem Cheddar obendrauf. Probier's mal aus!

30 Min. | **FÜR 4** Portionen | **PRO PORTION** 690 kcal | 25 g E | 33 g F | 72 g KH

+ 45 Min. Backzeit

600 g Hokkaido-Kürbis • 80 g Butter • 60 g Mehl • 850 ml Milch • 1 Tl getrockneter Thymian • 1 Prise gemahlene Muskatnuss • Salz • Pfeffer • 250 g Lasagneblätter (ca. 12 Blätter) • 100 g geriebener Cheddar • Butter für die Form

1 Den Kürbis waschen, putzen, vierteln und entkernen, dann das Fruchtfleisch in dünne Scheiben hobeln oder schneiden.

2 Die Butter in einem Topf schmelzen, das Mehl drüberstäuben und bei mittlerer Hitze hellgelb unter Rühren anschwitzen. Die Milch dazugießen (dabei kräftig rühren), aufkochen lassen, dann die Sauce bei schwacher Hitze ca. 10 Minuten köcheln lassen. Mit Thymian, Muskat, Salz und Pfeffer abschmecken.

3 Den Backofen auf 180 °C (Umluft) vorheizen. Eine Auflaufform mit Butter einfetten. Die Form mit drei Lasagneblättern auslegen. Ein Drittel der Kürbisscheiben darauf verteilen, salzen und pfeffern. Mit einem Viertel der Sauce bedecken. Diesen Vorgang zwei Mal wiederholen, dann mit einer Lage Lasagneblätter und Béchamelsauce abschließen.

4 Den Cheddar auf der Lasagne verteilen. Die Lasagne mit Alufolie abdecken und im Backofen auf der mittleren Schiene 45 Minuten backen, dabei nach 30 Minuten die Folie abnehmen und in den letzten 15 Minuten goldbraun backen.

YOU NEED
Backofen, Auflaufform

YOU NEED
Backofen

FLADENBROT-PIZZA

Pizza für Eilige

20 Min. → + 15 Min. Backzeit | **FÜR 2** Portionen | **PRO PORTION** 815 kcal | 33 g E | 57 g F | 41 g KH

1 kleines ovales Fladenbrot • 1 Zwiebel • 1 Knoblauchzehe • 1/2 rote Paprikaschote • 1 Tomate • 1 Frühlingszwiebel • 125 g Crème fraîche • Salz • Pfeffer • 1 Chilischote • 50 g scharfe italienische Salami • 1/2 Tl getrockneter Oregano • 150 g geriebener Pizzakäse • ggf. Basilikumblättchen zum Garnieren

---

1 Den Backofen auf 200 °C vorheizen. Das Fladenbrot waagerecht halbieren und die beiden Hälften mit der Schnittfläche nach oben auf ein mit Backpapier belegtes Backblech legen.

2 Zwiebel und Knoblauch schälen und fein hacken. Paprika putzen, waschen und fein würfeln. Tomate waschen, halbieren, entkernen, den Stielansatz wegschneiden und ebenfalls würfeln. Frühlingszwiebel putzen, waschen und in feine Ringe schneiden. Alles mit der Crème fraîche vermengen und mit Salz und Pfeffer abschmecken.

3 Chili putzen, waschen, entkernen und in feine Streifen schneiden. Die Salami in dünne Scheiben schneiden. Das Fladenbrot mit der Crème-fraîche-Mischung bestreichen, Salami, Chili und Oregano darauf verteilen. Den Käse drüberstreuen und die Pizza ca. 15 Minuten im Ofen auf der mittleren Schiene backen. Wer mag, verteilt noch Basilikum darauf.

OFEN-FRITTATA

mit Pilzen, Spinat & Paprika

35 Min. | **FÜR 2** Portionen | **PRO PORTION** 344 kcal | 16 g E | 28 g F | 6 g KH

75 g Champignons • 100 g Babyspinat • 1/2 rote Paprikaschote • 1/2 Knoblauchzehe • 3 Eier • 100 g Sauerrahm • 40 g geriebener Gouda • Salz • Pfeffer • 1 El Olivenöl

---

1 Champignons gründlich mit Küchenkrepp abreiben, Stielenden wegschneiden, dann in Scheiben schneiden. Spinat putzen, waschen und trocken schütteln. Paprika putzen, waschen und klein würfeln. Knoblauch schälen und fein hacken. Die Eier mit dem Sauerrahm verrühren. Den Käse zugeben und mit Salz und Pfeffer würzen.

2 Den Backofen auf 180 °C (Umluft) vorheizen. In einer ofenfesten kleinen Pfanne oder einem ofenfesten Topf das Olivenöl erhitzen und den Knoblauch darin anschwitzen. Pilze und Paprika zugeben und 3–4 Minuten anbraten. Mit Salz und Pfeffer würzen. Den Spinat zugeben, zusammenfallen lassen, dann die Eiermasse drübergießen. Die Frittata im Ofen auf der mittleren Schiene 15–18 Minuten stocken lassen, dann auf einen Teller stürzen und servieren.

YOU NEED
Backofen, ofenfeste/r Pfanne/Topf

SCHMECKT AUCH KALT ALS SNACK!

HÄHNCHENSCHENKEL
mit Kartoffeln

10 Min. | **FÜR 2** Portionen | **PRO PORTION** 703 kcal | 50 g E | 38 g F | 39 g KH

+ 1 Std. Marinierzeit + 45 Min. Backzeit

FÜR DIE HÄHNCHENSCHENKEL: 1 Tl Paprikapulver, edelsüß • 1/2 Tl Salz • 1/2 Tl Zucker • 1/2 Tl Pfeffer • 1/2 Tl Currypulver • 1 El Rapsöl • 4 kleine Hähnchenkeulen | **FÜR DIE KARTOFFELN:** 5 Kartoffeln • 1 El Rapsöl • Salz • Pfeffer

1 Die Gewürze mit dem Öl vermengen und die Hähnchenschenkel damit einreiben. In einen Gefrierbeutel geben, verschließen und im Kühlschrank mindestens 1 Stunde marinieren.

2 Den Backofen auf 180 °C vorheizen. Ein Backblech mit Backpapier auslegen. Die Kartoffeln waschen, trocken tupfen, halbieren, im Öl wenden und auf dem Backblech verteilen. Salzen und pfeffern. Ein bisschen Wasser zugießen, die Hähnchenschenkel auf die Kartoffeln legen und alles auf der untersten Schiene im Ofen etwa 45 Minuten backen, dabei zwischendurch die Hähnchen einmal wenden und ggf. noch etwas Wasser nachgießen.

YOU NEED
Backofen

BLÄTTERTEIG-PIZZA
mit Ricotta & Rucola

20 Min. | **FÜR 4** Portionen | **PRO PORTION** 488 kcal | 11 g E | 34 g F | 33 g KH

+ 20 Min. Backzeit

2 El Tomatenmark • 1 El Pesto rosso (FP) • 1/2 Tl getrocknete italienische Kräuter • 100 g schwarze Oliven ohne Stein • 250 g bunte Cocktailtomaten • 2 El kleine Kapern (aus dem Glas) • 1 Knoblauchzehe • 1 El Olivenöl • 1 Paket Blätterteig aus dem Kühlregal (275 g) • Salz • Pfeffer • 250 g Ricotta • 1 Handvoll Rucola

1 Den Backofen auf 200 °C vorheizen. Ein Backblech mit Backpapier belegen. Das Tomatenmark mit 2 El Wasser, dem Pesto und den italienischen Kräutern verrühren. Die Oliven in Ringe schneiden. Tomaten waschen und vierteln. Kapern in einem Sieb abtropfen lassen. Knoblauch schälen und in ein Schälchen zum Olivenöl pressen oder ganz fein hacken.

2 Den Blätterteig entrollen und auf das Backblech legen. Mit der Pesto-Mischung bestreichen. Oliven, Tomaten und Kapern darauf verteilen. Alles salzen und pfeffern, dann mit dem Knoblauchöl beträufeln. Den Ricotta darauf verteilen und die Pizza auf der unteren Schiene ca. 20 Minuten backen.

3 Inzwischen den Rucola waschen, trocken schütteln und verlesen. Die Pizza mit Rucola bestreut servieren.

KARTOFFEL-KOKOS-CURRY

Dieses Lieblingscurry steht in einer halben Stunde fix und fertig auf dem Tisch: mit reichlich buntem Gemüse, Kichererbsen, knackigen Erdnüssen und einer raffinierten Kokosmilch-Sauce – lecker!

30 Min.

FÜR 4 Portionen

PRO PORTION 577 kcal | 18 g E | 26 g F | 44 g KH

1 Brokkoli • Salz • 600 g festkochende Kartoffeln • 1 Stück Ingwer (2 cm) • 1 Zwiebel • 1 Knoblauchzehe • 1 rote Chilischote • 1 rote Paprikaschote • 1 Dose Kichererbsen (Abtropfgewicht 240 g) • 3 El Rapsöl • 2 Tl Garam Masala • 1 Dose Kokosmilch (Füllmenge 400 ml) • 50 g Erdnusskerne • Pfeffer

1 Den Brokkoli putzen und waschen. Den Stiel großzügig schälen und klein würfeln, den Rest in Röschen teilen. Gesalzenes Wasser in einem Topf zum Kochen bringen, die Röschen reingeben und 3–4 Minuten kochen, dann in ein Sieb abgießen und abschrecken, sprich mit eiskaltem Wasser überschütten – dadurch behält der Brokkoli seine hübsche Farbe und bleibt schön knackig.

2 Die Kartoffeln schälen und klein würfeln. Ingwer, Zwiebel und Knoblauch schälen und fein hacken. Chili und Paprika putzen, waschen und fein würfeln. Die Kichererbsen in einem Sieb abspülen, dann abtropfen lassen.

3 Das Öl in einem Topf erhitzen und Zwiebel, Knoblauch, Ingwer und Chili darin bei mäßiger Hitze anbraten. Brokkoliwürfel, Paprika und Kartoffeln zufügen. Garam Masala drüberstreuen und alles kurz anrösten. Dann die Kokosmilch zufügen, umrühren, Deckel drauf und das Curry bei kleiner Hitze ca. 20 Minuten köcheln lassen. Brokkoliröschen, Kichererbsen und Erdnüsse zufügen und weitere 3–4 Minuten köcheln lassen. Mit Salz und Pfeffer abschmecken.

WAS ÜBRIG?

Prima! Frier es ein! So hast du etwas Leckeres auf Vorrat, wenn's mal mau im Portemonnaie aussieht. Zum Auftauen einfach in einen Topf geben und bei schwacher Hitze langsam erwärmen, dabei immer mal umrühren.

Für Süßkartoffel-Fans

STUFFED SWEAT POTATOES

Alle sind im Süßkartoffelfieber. Und warum? Weil diese Kartoffel so herrlich süß und cremig ist. Gefüllt mit Hack und Spinat wird daraus ein echter Kartoffeltraum. Natürlich ist auch die klassische Backkartoffel lecker, aber ihre exotische Schwester begeistert einfach mit mehr Streetcredibility, you know …

30 Min.

+ ca. 40 Min. Backzeit

FÜR 3 Portionen

PRO PORTION 793 kcal | 35 g E | 38 g F | 76 g KH

6 mittelgroße Süßkartoffeln • 3 El Olivenöl • 1 Knoblauchzehe • 1 rote Zwiebel • 200 g frischer Babyspinat (alternativ TK-Blattspinat, diesen vorher auftauen lassen) • 300 g Rinderhack • 1 Tl Kreuzkümmel • Salz • Pfeffer • 2 Tomaten • 1 Kugel Mozzarella • Crème fraîche zum Servieren

1 Den Backofen auf 200 °C (Umluft) vorheizen. Ein Backblech mit Backpapier belegen. Die Süßkartoffeln waschen und trocken reiben, dann ringsherum mit einer Gabel einstechen und mit etwas Olivenöl einreiben. Die Süßkartoffeln auf das Backblech legen und für ca. 30 Minuten auf der mittleren Schiene in den Ofen schieben, bis sie schön weich sind (kann je nach Größe auch länger dauern).

2 In der Zwischenzeit den Knoblauch schälen und fein hacken. Zwiebel schälen und fein würfeln. Spinat verlesen, waschen und trocken schütteln. Das restliche Öl in einer Pfanne erhitzen und das Hackfleisch darin krümelig braten. Zwiebel, Knoblauch und Kreuzkümmel zugeben und ca. 2 Minuten unter Rühren mitbraten. Den Spinat zugeben und weitere 2–3 Minuten unter Rühren mitbraten. Mit Salz und Pfeffer abschmecken.

3 Die fertigen Süßkartoffeln aus dem Ofen nehmen und ein paar Minuten auf dem Blech abkühlen lassen. In der Zwischenzeit die Tomaten waschen, halbieren, die Stielansätze und das weiche Innere entfernen, den Rest fein würfeln. Den Mozzarella abtupfen, in Scheiben schneiden und grob in Stücke zerrupfen.

4 Die etwas abgekühlten Kartoffeln oben der Länge nach mit einem Messer einschneiden und das Innere zur Hälfte herauslösen (also nicht alles, nur den oberen Bereich bis knapp zum Rand, sodass unten noch Kartoffelmasse übrig bleibt und du die Kartoffeln schön füllen kannst). Die Hack-Spinat-Mischung in die Kartoffeln füllen. Die Hälfte der Tomatenwürfel darauf verteilen, den Mozzarella drauflegen und die restlichen Tomatenwürfel darauf verteilen.

5 Die gefüllten Süßkartoffeln für weitere 7 Minuten in den heißen Ofen schieben, bis der Mozzarella schön zerlaufen ist. Mit einem Klecks Crème fraîche servieren. Dazu schmeckt ein bunter Salat.

YOU NEED
Backofen

NO FOOD WASTE

Aus der entnommenen Kartoffelmasse kannst du leckere Mini-Puffer backen! Einfach mit etwas Salz und Pfeffer würzen, dann je einen Esslöffel der Masse in eine Pfanne mit heißem Olivenöl geben, etwas plattdrücken und kurz von beiden Seiten braten. Mit Crème fraîche und Schnittlauch getoppt ideal für die nächste Mittagspause!

Käsespätzle mal anders

SPÄTZLE-HACK-PFANNE

Ok, dieses Gericht ist schon etwas gehaltvoll und daher vielleicht eher nichts für jeden Tag. An besonders nervigen Tagen gibt's aber nichts Besseres. Es macht einfach rundum satt und glücklich!

25 Min.

FÜR 2 Portionen

PRO PORTION 990 kcal | 52 g E | 55 g F | 68 g KH

1 kleine Zwiebel • 1/4 Bund Schnittlauch • 150 g Emmentaler • 3 Tl Butter • 150 g Rinderhack • Salz • Pfeffer • 500 g frische Spätzle aus dem Kühlregal • 50 g Schmand (20 % Fett)

1
Die Zwiebel schälen und in feine Ringe schneiden. Schnittlauch waschen und in feine Röllchen schneiden. Den Käse grob reiben. 1 Tl Butter in einer Pfanne erhitzen und das Hackfleisch darin unter Rühren krümelig und kross braten. Mit Salz und Pfeffer abschmecken, dann aus der Pfanne nehmen und auf Küchenkrepp abtropfen lassen.

2
Die Zwiebelringe in die Pfanne geben, 1 Tl Butter dazugeben und 5–7 Minuten bei mittlerer Hitze goldgelb braten. Die Spätzle und 1 Tl Butter dazugeben und alles 5 Minuten bei mittlerer Hitze braten, dabei immer wieder umrühren. Das Hackfleisch dazugeben und alles gut vermengen. Den Käse dazugeben und unter Rühren ca. 3 Minuten schmelzen lassen. Mit Salz und Pfeffer abschmecken.

3
Zum Schluss den Schmand portionsweise dazugeben, ganz leicht unterheben, aber nicht komplett verrühren. Mit Schnittlauch bestreut servieren.

ONE-POT-WONDER

Diese One-Pot-Gerichte sind so schnell zubereitet, dass du sie selbst dann noch ganz entspannt kochen kannst, wenn der Hunger schon in den Startlöchern sitzt!

Zitronenreis mit Lachs

30 Min. | **FÜR 2** Portionen | **PRO PORTION** 716 kcal | 38 g E | 45 g F | 42 g KH

1/4 Bund Dill • 2 Lachsfilets à 150 g • 100 g Basmatireis • 1/4 Tl Schale von 1 unbehandelten Zitrone • 65 g Frischkäse • 100 ml Sahne • 1/2 Tl Salz • 1 Msp. Pfeffer • 1 Prise Zucker

1 Dill waschen, trocken schütteln und fein hacken. Den Lachs waschen und trocken tupfen. Den Reis mit Dill, Zitronenschale, Frischkäse, Sahne, Salz, Pfeffer, Zucker und 150 ml Wasser in einen Topf geben, verrühren und aufkochen.

2 Den Lachs obenauf legen und alles mit geschlossenem Deckel bei mittlerer Hitze ca. 15 Minuten köcheln lassen. Wenn nötig, zwischendurch noch etwas Wasser nachgießen.

Reis-Wurst-Pfanne

45 Min. | **FÜR 2** Portionen | **PRO PORTION** 760 kcal | 34 g E | 41 g F | 64 g KH

125 g Mini-Mozzarellakugeln • 1 rote Zwiebel • 200 g rohe Bratwürstchen • 150 g Reis • 400 g stückige Tomaten (aus der Dose) • 1/2 Tl Salz • 1 Msp. Pfeffer

Mozzarella abtropfen lassen. Zwiebel schälen und fein würfeln. Das Bratwurstbrät aus den Würstchen drücken und daraus Bällchen formen. Die Wurstbällchen in einer heißen, beschichteten Pfanne 4–5 Minuten rundherum anbraten. Zwiebel zugeben und 1 Minute mitbraten. Reis, Tomaten, 50 ml Wasser, Salz und Pfeffer zugeben, umrühren und die Mozzarellakugeln obendrauf verteilen. Alles bei kleiner Hitze mit geschlossenem Deckel 25–30 Minuten köcheln lassen.

Couscous-Gemüse-Topf

40 Min. | **FÜR 2** Portionen | **PRO PORTION** 519 kcal | 21 g E | 22 g F | 58 g KH

125 g Tomaten • 1/2 Aubergine • 1/2 Zwiebel • 1 Paprikaschote • 125 g Feta • 1 Zweig Minze • 1 El Olivenöl • 150 g Couscous • 1 Tl Ras el-Hanout • 200 ml heiße Gemüsebrühe • Salz • Pfeffer

1 Tomaten waschen, die Stielansätze rausschneiden und die Tomaten in 1 cm große Würfel schneiden. Aubergine waschen, putzen und klein würfeln. Zwiebel schälen und fein hacken. Paprika putzen, waschen und sehr fein würfeln. Den Feta ebenfalls würfeln. Die Minze waschen, trocken schütteln, die Blättchen abzupfen und in feine Streifen schneiden.

2 Einen Topf mit Olivenöl ausstreichen und darin Zwiebel, Couscous, Paprika, Aubergine, Feta, Tomaten und Ras el-Hanout und Minze schichten und vorsichtig mit Gemüsebrühe aufgießen. Salzen und pfeffern. Einmal aufkochen lassen, dann auf kleine Flamme schalten und 10–15 Minuten quellen lassen. Vor dem Servieren gründlich durchmengen und mit Salz und Pfeffer abschmecken.

Pilz-Reis-Topf

45 Min. | **FÜR 2** Portionen | **PRO PORTION** 469 kcal | 29 g E | 23 g F | 46 g KH

100 g Mettwurst • 25 g geräucherter Speck • 1 Schalotte • 1 Knoblauchzehe • 1 rote Paprikaschote • 100 g kleine Champignons • 2 Tomaten • 100 g Reis • 175 ml heiße Fleischbrühe • 1 Prise Zucker • Salz • Pfeffer

1 Mettwurst in feine Scheiben schneiden. Speck würfeln. Schalotte und Knoblauch schälen und fein würfeln. Paprika putzen, waschen und fein würfeln. Champignons mit Küchenkrepp abreiben, Stielenden wegschneiden und je nach Größe halbieren oder vierteln. Tomaten waschen, Stielansätze rausschneiden und in 2 cm große Würfel schneiden.

2 Die Champignons in einem beschichteten Topf ohne Fett scharf anbraten. Speck, Schalotte und Knoblauch zugeben und 1–2 Minuten mitbraten. Reis, Mettwurst, Paprika, Tomaten, Brühe und 1 Prise Zucker zugeben und alles bei mittlerer Hitze und geschlossenem Deckel ca. 20 Minuten köcheln lassen. Vor dem Servieren noch einmal gut durchrühren und mit Salz und Pfeffer abschmecken.

SPAGHETTI MIT MEATBALLS

Du liebst Pasta? Check. Du liebst Tomatensauce? Check. Du liebst Fleischbällchen? Ich verstehe die Frage nicht! – Genau. Deshalb ist diese Pasta mit fruchtiger, leicht scharfer Tomatensauce und supersaftigen Meatballs Glück pur – und zwar für ALLE. Lasst es euch schmecken!

45 Min.

FÜR 4 Portionen

PRO PORTION 986 kcal | 51 g E | 38 g F | 108 g KH

FÜR DIE MEATBALLS

100 g Sandwich-Toast • 1/2 Zwiebel • 1 Knoblauchzehe • 1/2 Bund glatte Petersilie • 50 g geriebener Parmesan • 500 g gemischtes Hackfleisch (Rind und Schwein) • 1 Ei • Salz • Pfeffer • 2 El Olivenöl

FÜR DIE SAUCE

1/2 Zwiebel • 2 Knoblauchzehen • 1 El Olivenöl • 800 g passierte Tomaten • 2 Tl getrocknete italienische Kräuter • 1 Prise Chilipulver • 1 Prise Salz • 1 Prise Pfeffer • 1 Tl Zucker

AUSSERDEM

500 g Spaghetti • Parmesan zum Servieren • ggf. Petersilie zum Garnieren

---

1 Für die Meatballs die Kanten der Toast-Scheiben wegschneiden und die Scheiben in kleine Würfel schneiden. Zwiebel schälen, ganz fein hacken (oder im Mixer pürieren) und in einer großen Schüssel mit den Toastwürfeln vermischen. Knoblauch schälen und fein hacken. Petersilie waschen, trocken schütteln und die Blätter fein hacken. Beides zusammen mit Parmesan, Hack und Ei zu der Zwiebel-Toast-Mischung geben und mit den Händen verkneten. Mit Salz und Pfeffer würzen.

2 Mit einem Teelöffel kleine Portionen der Masse abnehmen und diese mit feuchten Händen zu etwa 20 kleinen Bällchen rollen. Das Olivenöl in einer Pfanne auf mittlerer Stufe erhitzen und die Bällchen darin portionsweise jeweils ca. 5 Minuten rundum bräunen (noch nicht ganz durchgaren). Aus der Pfanne nehmen und auf einem Teller beiseitestellen.

3 Für die Sauce Zwiebel und Knoblauch schälen und fein hacken. Das Olivenöl in der Pfanne erhitzen und Zwiebel und Knoblauch darin ca. 2 Minuten bei mittlerer Hitze glasig dünsten. Alle anderen Saucen-Zutaten zufügen und verrühren. Die Sauce aufkochen lassen, dann die Hitze runterdrehen. Sobald die Sauce nur noch sanft köchelt, die Bällchen samt dem ausgetretenen Fleischsaft hineingeben. Die Sauce ca. 10 Minuten auf kleiner Hitze köcheln lassen, die Bällchen dabei ab und zu vorsichtig wenden. Zum Schluss noch mal mit Salz und Pfeffer abschmecken.

4 Während die Sauce köchelt, die Spaghetti nach Packungsanweisung kochen. Spaghetti mit Sauce und Meatballs anrichten und ordentlich Parmesan drüberreiben. Wer mag, garniert noch mit Petersilienblättchen.

KARTOFFELGRATIN

mit Äpfelchen & Lauch

20 Min. | **FÜR 2** Portionen | **PRO PORTION** 514 kcal | 17 g E | 33 g F | 44 g KH

+ ca. 40 Min. Backzeit

1/2 Stange Lauch • 400 g festkochende Kartoffeln • 1/2 säuerlicher Apfel • 1 El Zitronensaft • 125 ml Sahne • 125 ml fettarme Milch • Salz • Pfeffer • 1 Prise geriebene Muskatnuss • 75 g geriebener Gouda • Butter für die Form

1 Lauch putzen, waschen und in dünne Ringe schneiden. Kartoffeln schälen und in sehr dünne Scheiben schneiden (2–3 mm dick) – das geht am besten mit einem Gemüsehobel! Den halben Apfel waschen, halbieren und das Kerngehäuse entfernen. Die Viertel ebenfalls in sehr dünne Scheiben schneiden oder hobeln. Sofort mit Zitronensaft beträufeln – dann wird der Apfel nicht braun!

2 Den Backofen auf 200 °C vorheizen. Eine kleine Auflaufform einfetten. Die Sahne mit der Milch mischen und mit Salz, Pfeffer und Muskat würzen.

3 Kartoffeln, Apfel und Lauch abwechselnd dachziegelartig in eine kleine Auflaufform schichten. Die Sahnemischung drübergießen. Den Käse drüberstreuen und das Gratin im Backofen auf der mittleren Schiene 35–40 Minuten backen, bis die Kartoffeln bissfest sind und die Oberfläche gebräunt ist.

YOU NEED
Backofen, kleine Auflaufform

MAC AND CHEESE

American Dream

20 Min. | **FÜR 2** Portionen | **PRO PORTION** 550 kcal | 24 g E | 26 g F | 55 g KH

150 g kurze Makkaroni • Salz • 50 ml Milch • 50 ml Sahne • 100 g geriebener Cheddar oder Gouda • Pfeffer • 1 Prise geriebene Muskatnuss • ggf. Schnittlauchröllchen zum Drüberstreuen

1 Die Nudeln wie auf der Packung beschrieben in Salzwasser bissfest kochen, dann in ein Sieb abgießen und abtropfen lassen.

2 Während die Nudeln kochen, Milch und Sahne in einen Topf geben, aufkochen lassen, dann 3–4 Minuten bei schwacher Hitze köcheln lassen. Den Käse zufügen und unter Rühren schmelzen lassen.

3 Zum Schluss die Nudeln unterrühren und alles mit Salz, Pfeffer und Muskat abschmecken. Nach Belieben mit Schnittlauchröllchen bestreuen.

Gefüllt mit Ricotta & Spinat

MUSCHELNUDELN

35 Min.

FÜR 2 Portionen

+ 20 Min. Backzeit

PRO PORTION
566 kcal | 31 g E | 27 g F | 48 g KH

1 Den Blattspinat im Kühlschrank auftauen lassen. Für die Tomatensauce Zwiebel und Knoblauch schälen und fein hacken. Das Öl in einem Topf erhitzen und Zwiebel und Knoblauch darin anbraten. Die Tomaten, etwas Salz und Pfeffer und den Oregano zugeben und die Sauce bei mittlerer Hitze mindestens 15 Minuten köcheln lassen.

2 Inzwischen die Muschelnudeln wie auf der Packung beschrieben in Salzwasser bissfest kochen, dann in ein Sieb abgießen und abtropfen lassen.

3 Den Backofen auf 200 °C vorheizen. Den aufgetauten Spinat mit den Händen gut ausdrücken und grob hacken. Mit dem Ricotta vermischen und mit Salz und Pfeffer würzen.

4 Die Spinat-Ricotta-Masse in die Muschelnudeln füllen. Die Tomatensauce noch einmal mit Salz und Pfeffer abschmecken, dann in einer Auflaufform verteilen. Die Muschelnudeln hineinsetzen, mit Käse bestreuen und im Backofen auf der mittleren Schiene ca. 20 Minuten überbacken.

YOU NEED
Backofen, Auflaufform

ZUTATEN
250 g TK-Blattspinat • 1/2 Zwiebel • 1/2 Knoblauchzehe • 1 Tl Olivenöl • 400 g passierte Tomaten • Salz • Pfeffer • 1/2 Tl getrockneter Oregano • 100 g große Muschelnudeln (Conchiglioni) • 250 g Ricotta • 50 g geriebener Parmesan

Mit Hack & Spinat

QUESADILLAS

Es gibt Kombinationen, von denen weiß man einfach, dass sie umwerfend gut zusammenpassen: Jeans, weißes T-Shirt und Lederjacke zum Beispiel. Genauso verhält es sich mit Hack, Spinat und Feta. Und wiederum genau deshalb sind diese Quesadillas ein absoluter Hit!

40 Min.

FÜR 2 Portionen

PRO PORTION 690 kcal | 40 g E | 44 g F | 33 g KH

200 g TK-Blattspinat • 1/2 Knoblauchzehe • 75 g Feta • 2 El Olivenöl • 200 g Rinderhack • Salz • Pfeffer • 2 große Weizen-Tortillafladen (je ca. 60 g) • 40 g geriebener Emmentaler • Schmand zum Servieren

1 Den Spinat wie auf der Packung beschrieben garen. Knoblauch schälen und fein hacken. Den Feta klein würfeln.

2 1 El Olivenöl in einer Pfanne erhitzen und das Hackfleisch darin bei mittlerer Hitze krümelig und schön braun braten. Spinat und Knoblauch untermischen und alles weitere 2 Minuten garen. Mit Salz und Pfeffer abschmecken und in eine Schüssel umfüllen.

3 Die Pfanne vorsichtig mit Küchenkrepp auswischen, dann bei mittlerer Hitze zurück auf den Herd stellen. Das restliche Olivenöl in die Pfanne geben und durch Schwenken der Pfanne gut darin verteilen. 1 Tortillafladen in die Pfanne legen und die Hälfte der Spinat-Hack-Mischung auf einer Fladenhälfte verteilen. Die Hälfte des Fetas, dann die Hälfte des Emmentalers darauf verteilen. Die unbelegte auf die belegte Seite umschlagen, gut zusammendrücken und von beiden Seiten ca. 3 Minuten in der Pfanne braten, bis der Käse geschmolzen ist. Auf die gleiche Weise den zweiten Quesadilla zubereiten. Die Quesadillas in Stücke schneiden und mit Schmand servieren.

SO BLEIBT'S WARM

Falls du mehr als 2 Quesadillas machen möchtest und einen Backofen hast, heiz diesen auf 50 °C vor und halt die fertigen Quesadillas darin warm.

To go or at home

KOREAN BEEF BOWL

Eine Bowl, die wirklich jedem gefällt. Männer lieben sie, weil sie zur Hälfte aus Hack besteht. Und Salat- und Gemüse-Girls werden begeistert sein, weil die Toppings was fürs Auge und für die Gesundheit sind. Die Würz-Sauce macht sie super aromatisch, es ist was dabei für den Crunch und den Knack. Was willste mehr?

45 Min.

FÜR 2 Portionen

PRO PORTION 772 kcal | 32 g E | 44 g F | 62 g KH

120 g Reis • 1 El ungesalzene Erdnüsse • 1/4 Salatgurke • 1/4 Zucchini • 2 1/2 El Rapsöl • Salz • Pfeffer • 1 El Honig • 2/3 El brauner Zucker • 1 El Limettensaft • 1 1/2 El Sojasauce • 1 Knoblauchzehe • 1 Stück Ingwer (ca. 1 cm) • 2 Frühlingszwiebeln • 250 g Schweinehack

---

1 Den Reis wie auf der Packung beschrieben garen. Inzwischen die Erdnüsse hacken. Gurke waschen, putzen, längs halbieren und das wässrige Innere mit einem Löffel rausschaben, den Rest in Streifen oder Stifte schneiden.

2 Zucchini waschen, putzen und in Streifen schneiden. 1 El Öl in einer Pfanne erhitzen und die Zucchinistreifen darin unter Rühren braten. Mit Salz und Pfeffer würzen, dann aus der Pfanne nehmen und auf einem Teller mit Küchenkrepp abtropfen lassen.

3 Honig, Zucker, Limettensaft, Sojasauce, 1/2 El Öl und 1 El Wasser in einer Schüssel gut miteinander verrühren. Knoblauch und Ingwer schälen und fein hacken. Frühlingszwiebeln waschen und putzen, den weißen und grünen Teil getrennt in feine Streifen schneiden und separat beiseitestellen.

4 1 El Öl in der Pfanne erhitzen und das Hackfleisch darin unter Rühren mehrere Minuten scharf braten, bis es krümelig und schön kross ist. Wenn es gut gebräunt ist, die Hitze etwas runterdrehen, Knoblauch, Ingwer sowie den weißen Teil der Frühlingszwiebeln zugeben und unter Rühren 1 weitere Minute braten. Die Honig-Sauce zugeben und unter Rühren 1 weitere Minute braten. Mit Salz und Pfeffer abschmecken.

5 Zum Mitnehmen einfach alles in ein Einmachglas schichten: unten Reis, dann Hack, obendrauf die Toppings: Zucchini, Erdnüsse, Gurke und die grünen Frühlingszwiebelringe. Fürs Bowl-Feeling zu Hause alle Komponenten hübsch nebeneinander anordnen! Und wer's scharf mag, gibt noch Chiliringe oder Hot-Chili-Sauce dazu.

MULTITALENT

Bowls sind auch prima Resteverwerter und viele Komponenten lassen sich super vorbereiten!

200 ml

AUFGEWÄRMT NOCH MAL SO LECKER

Dieses Curry kann man wunderbar aufwärmen und am Tag danach nochmals schmecken lassen – und den Rest frierst du einfach ein!

THAI GREEN CURRY

Grünes Thai-Curry meets Fleischbällchen. Finally! Denn, wer bitte hat nicht schon heimlich von dieser Kombination geträumt? Immer nur Chicken Curry – buh, laaaangweilig! Wer sagt denn, dass man so ein Curry nicht auch wunderbar mit Asia-Frikadellchen statt Standard-Hühnchen zubereiten kann? Wir sagen das!

50 Min.

+ 15 Min. Garzeit

FÜR 4 Portionen

PRO PORTION
480 kcal | 28 g E | 30 g F | 22 g KH

FÜR DIE HACKBÄLLCHEN
400 g gemischtes Hackfleisch (Schwein und Rind) • 1 Ei • 70 g Semmelbrösel • 2 Tl Fischsauce • 1 Tl brauner Zucker • 1 Tl Sesam- oder Rapsöl • 1 Tl Knoblauchpulver • Salz • Pfeffer

FÜR DAS CURRY
1 Stück Ingwer (ca. 1 cm) • 1 Knoblauchzehe • 3 Frühlingszwiebeln • 1/2 Bund Koriander • 2 grüne Chilischoten • 3 Tl Fischsauce • 1/2 Tl Kreuzkümmel • 300 ml cremige Kokosmilch • 300 ml Hühnerbrühe • 1 Limette • Chilisauce nach Belieben • Salz • Pfeffer

AUSSERDEM
Rapsöl zum Braten

---

1 Alle Zutaten für die Fleischbällchen in eine große Schüssel geben und mit den Händen verkneten. Mit Salz und Pfeffer abschmecken. Dann aus der Hackmasse mit feuchten Händen kleine Bällchen (ca. 3 cm Durchmesser) rollen. Etwas Öl in einem großen Topf erhitzen und die Bällchen darin portionsweise scharf anbraten, sodass sie außen schön gebräunt sind. Fertige Bällchen in einer Schüssel beiseitestellen.

2 Für das Curry Ingwer und Knoblauch schälen und grob hacken. Frühlingszwiebeln waschen, putzen und den weißen Teil grob in Ringe schneiden. Koriander waschen, trocken schütteln und die Blätter von den Stielen zupfen. Chili putzen, waschen und grob hacken. Alles zusammen mit Fischsauce und Kreuzkümmel in einen Standmixer geben und zu einer Paste zerkleinern (alternativ in ein hohes Gefäß geben und mit einem Pürierstab zerkleinern).

3 Etwas Öl in den Topf geben und die Currypaste darin bei mittlerer Hitze kurz anrösten. Kokosmilch und Hühnerbrühe hineingeben und kurz aufkochen lassen. Dann die Hitze runterdrehen, die Fleischbällchen samt ausgetretenem Bratensaft hineingeben und alles ca. 15 Minuten bei schwacher Hitze köcheln lassen. Die Limette auspressen und kurz vor dem Servieren das Curry mit Limettensaft, Chilisauce, Salz und Pfeffer abschmecken. Nach Belieben Basmatireis dazu servieren oder einfach mal ohne Reis als Low-Carb-Variante genießen.

YOU NEED
Standmixer oder Pürierstab

CRESPELLE MIT GEMÜSEFÜLLUNG

Crespelle sind die italienische Antwort auf unsere Pfannkuchen. Und da sie aus Bella Italia kommen, werden sie natürlich lecker mediterran gefüllt: mit Ricotta, Zucchini, Pilzen und aromatischen Gewürzen. Obendrauf kommt noch Tomatensauce und Parmesan und dann geht's ab in den Ofen. Buon appetito!

60 Min.

FÜR 2 Portionen

+ ca. 25 Min. Backzeit

PRO PORTION
484 kcal | 24 g E | 28 g F | 35 g KH

FÜR DIE PFANNKUCHEN
1 Ei • 125 ml Milch • 25 ml Mineralwasser • 60 g Weizenmehl • 1 Prise Salz • 2 Tl Rapsöl zum Braten

FÜR DIE FÜLLUNG
1/2 Zwiebel • 1/2 Knoblauchzehe • 1 Zucchini • 75 g Pilze • 1 El Olivenöl • 1 Tl getrockneter Oregano • Salz • Pfeffer • 125 g Ricotta • 200 ml passierte Tomaten • 1/2 Tl getrocknetes Basilikum • 25 g geriebener Parmesan

AUSSERDEM
Öl für die Form

---

1 Für die Pfannkuchen Ei mit Milch und Mineralwasser verrühren, dann mit Mehl und Salz zu einem glatten Teig verquirlen – mit einem Schneebesen oder dem Handrührgerät. Den Teig mindestens 15 Minuten im Kühlschrank ruhen lassen.

2 Inzwischen für die Füllung Zwiebel und Knoblauch schälen und fein hacken. Zucchini waschen, putzen und in kleine Würfel schneiden. Die Pilze mit Küchenpapier abreiben, die Stielenden wegschneiden und die Pilze ebenfalls klein würfeln.

3 Das Olivenöl in einer Pfanne erhitzen und Zwiebel und Knoblauch darin anschwitzen. Zucchini und Pilze zugeben und 6–8 Minuten bei mittlerer Hitze unter Rühren braten. Mit 1/2 Tl Oregano, Salz und Pfeffer abschmecken. Abkühlen lassen.

4 Nun geht's ans Backen der Pfannkuchen: Dazu 1 Tl Öl in einer beschichteten Pfanne verteilen und erhitzen. Die Hälfte des Teiges hineingeben, durch Schwenken der Pfanne verteilen und bei mittlerer Hitze backen, bis die Unterseite leicht gebräunt ist. Dann mit einem Pfannenwender wenden und auf der anderen Seite fertig backen. Auf Küchenpapier abtropfen lassen. Auf die gleiche Weise den zweiten Pfannkuchen backen.

5 Den Backofen auf 180 °C vorheizen. Eine kleine Auflaufform mit Öl einfetten. Den Ricotta unter das Gemüse mischen und alles nochmals mit Salz und Pfeffer abschmecken. Die Gemüsemischung auf den Pfannkuchen verteilen (den Rand dabei aussparen, sonst quillt's raus) und die Pfannkuchen aufrollen. Die Crespelle dicht nebeneinander in die Auflaufform legen.

6 Die passierten Tomaten mit Basilikum, restlichem Oregano, Salz und Pfeffer würzen und über die Pfannkuchenröllchen gießen. Den Parmesan drüberstreuen und ab damit in den Ofen! 20–25 Minuten auf der mittleren Schiene backen.

YOU NEED
Backofen, kleine Auflaufform

PRAKTISCH

Mach gleich die doppelte Menge und wärm den Rest einfach am nächsten Tag im Ofen auf!

PIZZA-BAUKASTEN

Ok, Pizza macht erst mal ein bisschen mehr Arbeit – der Clou ist aber, dass man damit gleich für mehrere Mahlzeiten vorsorgen kann. Sowohl Teig als auch fertige Pizza lassen sich nämlich super einfrieren!

Pizza-Teig

15 Min.

FÜR 4 Stück(e)

YOU NEED
Backofen, Nudelholz

+ ca. 65 Min. Gehzeit

1/2 Würfel frische Hefe (oder 1 Päckchen Trockenhefe) • 1 Tl Zucker • 500 g Mehl • 2 Tl Salz • Mehl für die Arbeitsfläche • Öl für das Backblech

1 Die zerbröckelte Hefe (bzw. die Trockenhefe), Zucker, 1 El Mehl und 300 ml lauwarmes Wasser in eine Schüssel geben. Alles mit einer Gabel verrühren. Die Schüssel mit einem Küchentuch bedecken und den Vorteig abgedeckt 5 Minuten gehen lassen.

2 Das restliche Mehl mit dem Salz in einer großen Schüssel mischen. Den Vorteig dazugeben und alles ca. 10 Minuten gründlich mit den Händen verkneten, am besten auf der bemehlten Arbeitsplatte. Den Teig dann in der mit einem Küchentuch abgedeckten Schüssel ca. 30 Minuten an einem warmen, zugfreien Ort gehen lassen.

3 Den Teig in 4 gleich große Stücke teilen, diese zu Kugeln formen und abgedeckt noch einmal 30 Minuten gehen lassen (wenn du lieber ein ganzes Blech Pizza machen möchtest, teil den Teig nicht in Stücke, sondern roll ihn auf einem mit Öl bestrichenen Backblech aus und lass ihn darauf weiter gehen).

4 Die Teigkugeln auf einer leicht bemehlten Arbeitsfläche mit einem Nudelholz dünn ausrollen. Auf ein mit Öl bestrichenes Backblech legen, mit Pizza-Sauce (siehe S. 85) bestreichen, nach Lust und Laune belegen (siehe S. 85) und im vorgeheizten Ofen auf der mittleren Schiene bei 220 °C 6–10 Minuten (je nach Dicke des Teiges) backen.

TK-PIZZA SELBSTGEMACHT

Die Pizza einfach stückchenweise einfrieren und bei Bedarf gefroren in den Ofen geben und 10–12 Minuten bei 200 °C aufbacken. Oder die Teigbällchen einfrieren – morgens rausholen, abends Pizza backen!

Pizza-Sauce

5 Min.

FÜR ca. 500 ml

500 g passierte Tomaten • 1 Tl Salz • 1/4 Tl gemahlener Pfeffer • 1 Prise Zucker • 1 El gehacktes Basilikum (TK) • 1 Tl getrockneter Oregano • 1/2 Tl Knoblauchpulver

Alle Zutaten in eine Schüssel geben und gründlich miteinander verrühren.

SAUCENRESTE VERWERTEN

Einfach so viel Sauce auf den Pizza-Teig streichen, wie du magst. Den Rest kannst du am nächsten Tag als Aufstrich auf geröstetem Brot verwenden. Oder du brätst eine gehackte Zwiebel in etwas Olivenöl an, gibst die Sauce dazu, lässt sie ein paar Minütchen köcheln und hast ruck, zuck eine leckere Nudelsauce!

Pizza-Toppings

Beim Belegen der Pizza kannst du dich nach Herzenslust austoben. Orientiere dich an den bekannten Klassikern in der Pizzeria oder – noch besser – werde selber kreativ! Schau einfach, was der Kühlschrank so hergibt und trau dich auch mal an ausgefallenere Kombinationen.

Hier ein paar Anregungen für leckere Pizza-Toppings: Pilze, Paprika, Spinat, Rucola (erst nach dem Backen draufgeben), Ananas, Artischocken, Zwiebelringe, Brokkoli, Dosenmais, Oliven, Peperoni, Zucchini, Tofu, Speck, Salami, Kochschinken, Parmaschinken, gebratenes Hack oder gebratene Fleischstreifen, Chorizo, Sucuk, Garnelen, Thunfisch aus der Dose ...

Und natürlich darf als krönender Abschluss Mozzarella nicht fehlen! Aber auch Feta, Parmesan oder – Italiener bitte weghören – Gouda schmecken sehr lecker. Wer mag, träufelt vor dem Servieren noch Knoblauch- oder Chiliöl drüber.

MEDITERRANER NUDELAUFLAUF

Nudeln und Tomatensauce sind eh schon eine super Kombination – und als Auflauf mit gerösteten Auberginen, würzigen Oliven und einer ordentlichen Portion Mozzarella einfach unschlagbar.

30 Min.

+ ca. 10 Min. Backzeit

FÜR 4 Portionen

PRO PORTION 646 kcal | 26 g E | 24 g F | 79 g KH

1 Zwiebel • 1 Knoblauchzehe • 1/2 rote Chilischote • 1 Aubergine • 3 El Olivenöl • 400 ml passierte Tomaten • 60 g entsteinte Oliven • 1 Tl getrockneter Oregano • Salz • Pfeffer • 400 g kurze Nudeln (z. B. Penne oder Fusilli) • 2 Kugeln Mozzarella (Abtropfgewicht je ca. 100 g)

1

Zwiebel und Knoblauch schälen und fein hacken. Chili putzen, waschen und ebenfalls fein hacken. Aubergine waschen, putzen und in kleine Würfel schneiden.

2

Das Öl in einer Pfanne erhitzen und Zwiebel und Knoblauch darin anbraten. Chili und Aubergine zugeben und 3–5 Minuten bei mittlerer Hitze braten. Die passierten Tomaten und die Oliven zufügen und die Sauce mit Oregano, Salz und Pfeffer abschmecken. Mindestens 10 Minuten köcheln lassen.

3

Inzwischen die Nudeln nach Packungsanleitung in reichlich Salzwasser bissfest kochen. Dann in ein Sieb abgießen und abtropfen lassen.

4

Den Backofen auf 220 °C vorheizen. Den Mozzarella abtropfen lassen und in dünne Scheiben schneiden. Die Nudeln zur Sauce geben und alles gut vermischen, dann in eine Auflaufform füllen. Den Mozzarella darauf verteilen und den Auflauf im Backofen auf der mittleren Schiene 10 Minuten überbacken, bis der Käse geschmolzen ist.

YOU NEED

Backofen, Auflaufform

AUCH AUFGEWÄRMT SUPERLECKER

Falls etwas übrig bleibt, kannst du die Reste einfach am nächsten Tag in der Pfanne aufwärmen!

Nachtisch & SÜSSKRAM

Rote Grütze, Grießbrei, Pfannkuchen oder Kaiserschmarren – manchmal muss es süß sein. Das Hirn schreit: „Zucker her, zackzack!!!“ Da machste nix. Süßes ist soooooooooo lecker, macht gute Laune, tröstet – ein wahres Wundermittel, noch besser als Binge Watching!

Mit Himbeeren & Mandeln

KAISERSCHMARREN

Kaiserschmarren zum Nachtisch ist mehr was für Leute, die beim Essen Kalorien verbrauchen ... oder für solche, die sich beim Hauptgericht mit gedünstetem Gemüse begnügt haben ... Für alle anderen ist der köstliche Sattmacher besser als süße Hauptmahlzeit geeignet. Oder einfach als Seelenfutter zwischendurch.

40 Min.

FÜR 2 Portionen

PRO PORTION 596 kcal | 22 g E | 27 g F | 66 g KH

2 große Eier • Salz • 20 g feiner Zucker • 125 g Weizenmehl • 1 Messerspitze Backpulver • 125 ml Milch • 100 g Himbeeren • 30 g Butter • 2 El Mandelblättchen • Puderzucker zum Bestäuben

1 Die Eier trennen. Das Eiweiß in einer Rührschüssel mit dem Handrührgerät zu festem Eischnee schlagen, dabei 1 Prise Salz und die Hälfte des Zuckers hineinrieseln lassen. Die Eigelbe in einer großen Rührschüssel mit dem restlichen Zucker schaumig rühren. Mehl, Backpulver und Milch nach und nach unter die Eigelbcreme rühren. Dann den Eischnee vorsichtig unter den Teig heben – das geht gut mit den aus dem Handrührgerät entfernten Rührbesen oder mit einem Schneebesen. Die Hälfte der Himbeeren zugeben und ebenfalls vorsichtig untermischen.

2 Die Hälfte der Butter in einer großen beschichteten Pfanne zerlassen. Den Teig in die Pfanne geben und darin bei niedriger Hitze auf der unteren Seite goldbraun werden lassen, dann mit 2 Gabeln in grobe Stücke zerrupfen. Die restliche Butter in kleinen Flöckchen und die Mandelblättchen dazugeben und den Schmarren unter Rühren so lange weiterbacken, bis die Stücke goldbraun sind. Die restlichen Himbeeren darauf verteilen und den Schmarren mit Puderzucker bestäuben.

MIT ÄPFELCHEN

Statt der Himbeeren kannst du z. B. auch kleine Apfelwürfel in den Kaiserschmarren geben.

YOU NEED

Handrührgerät mit Rührbesen

GIN-BEEREN-TRIFLE

Gin ist in – und zwar nicht nur als cooler Drink! Auch in diesem raffinierten Nachtisch schmeckt er super. Frische Beeren, Sahne und Mascarpone tun ihr Übriges dazu ... Übrigens: Auch perfekt fürs romantische Dinner mit deinem Schatzi.

20 Min. | **FÜR 4** Portionen | **PRO PORTION** 685 kcal | 6 g E | 43 g F | 57 g KH

+ 20 Min. Garzeit und 120 Min. Kühlzeit

160 ml Orangensaft • 200 g gemischte frische Beeren (alternativ TK) • 75 g Zucker • 1 Tl Speisestärke • 75 ml Gin • 200 g Sahne • 200 g Mascarpone • 1 Tl abgeriebene Schale von einer unbehandelten Limette • 1 El Limettensaft • 50 g Puderzucker • 100 g Löffelbiskuits (15 Stück) • ggf. frische Beeren zum Garnieren

---

1 Den Orangensaft in einen kleinen Topf geben und bei mittlerer Hitze um die Hälfte einkochen lassen, dann abkühlen lassen.

2 Die Beeren verlesen, waschen und trocken tupfen. Mit dem Zucker in einen Topf geben und etwa 5 Minuten dünsten. (Werden tiefgekühlte Beeren verwendet, diese auftauen lassen, dann mit dem Zucker in einem Topf erhitzen.) Die Speisestärke gründlich mit dem Gin verrühren, zu den Beeren geben, alles gut verrühren und 1 Minute unter Rühren bei schwacher Hitze köcheln lassen. Den Topf dann vom Herd ziehen und die Beeren ohne Deckel abkühlen lassen.

3 Die Sahne mit der Hälfte des Mascarpone in einer Rührschüssel cremig schlagen. Den restlichen Mascarpone in einer anderen Rührschüssel mit Limettenschale, -saft und Puderzucker verquirlen, dann esslöffelweise die Sahne-Mascarpone-Mischung unterheben – das geht gut mit den aus dem Handrührgerät entfernten Rührbesen oder mit einem Schneebesen.

4 Nun geht's ans Schichten: Die Löffelbiskuits in Stücke brechen und die Hälfte davon auf 4 Gläser verteilen. Die Hälfte des Orangensafts drüberträufeln. Die Hälfte der Creme darauf verteilen. Die Hälfte der Beerenmischung darauf geben. Dann die restlichen Löffelbiskuits darauf verteilen, leicht festdrücken und mit dem restlichen Orangensaft beträufeln. Nun noch die restliche Creme darauf verteilen und mit den restlichen Beeren abschließen. Bis zum Servieren mindestens 2 Stunden kühl stellen. Wer mag, verteilt vor dem Servieren noch ein paar frische Beeren auf den Trifles.

YOU NEED
Handrührgerät mit Rührbesen

MACHT MÄCHTIG WAS HER!

Mit Karamellsauce

ARME RITTER

Dieses Arme-Leute-Essen aus der Zeit des 30-jährigen Kriegs hat bis heute viele Fans. Ok, es ist nicht gerade Haute Cuisine, dafür ein echter Retter in der Not, wenn zum Beispiel am Monatsende mal wieder Ebbe im Portemonnaie ist … Die nussige Karamell-Sauce schmeckt super dazu – wem das zu lästig ist, lässt sie einfach weg und streut ordentlich Zucker und Zimt drüber!

40 Min.

FÜR 2 Portionen

PRO PORTION 500 kcal | 13 g E | 35 g F | 34 g KH

FÜR DIE SAUCE
30 g Walnusskerne • 1 El Zucker • 50 g Sahne

FÜR DIE ARMEN RITTER
1 Ei • 50 ml Milch • 50 g Sahne • 2 altbackene Brötchen • 1 El Butter • Puderzucker zum Bestäuben

1
Für die Sauce die Walnüsse grob hacken und in einer Pfanne ohne Fett unter Rühren etwas anrösten. Aus der Pfanne nehmen, den Zucker in die Pfanne streuen und bei geringer Hitze langsam schmelzen. Mit 1 El Wasser ablöschen, dann unter Rühren köcheln lassen, bis sich das Karamell gelöst hat und von honigartiger Konsistenz ist. Sahne und Nüsse zugeben und weitere 5 Minuten köcheln lassen.

2
Für die Armen Ritter Ei, Milch und Sahne in eine Schüssel geben und gut miteinander verrühren. Die Brötchen in Scheiben schneiden und in der Eiermasse wenden. Die Butter in einer großen Pfanne erhitzen und die Brotscheiben darin goldbraun ausbacken. Aus der Pfanne nehmen und auf Küchenpapier etwas abtropfen lassen. Die Armen Ritter mit Puderzucker bestäuben und mit der Walnuss-Karamell-Sauce servieren.

Super fruchtig

STACHELBEER-KIRSCH-GRÜTZE

Rote Grütze ist ein super Nachtisch: nicht so mächtig, schön frisch, was fürs Auge und durch die Früchte ja sogar auch irgendwie ein bisschen gesund … Beim Obst kannst du dich austoben: Himbeeren, Heidelbeeren, Brombeeren, Erdbeeren, Johannisbeeren – nimm einfach, was dir schmeckt und gerade Saison hat!

20 Min.

+ ca. 30 Min. Abkühlzeit

FÜR 4 Portionen

PRO PORTION 335 kcal | 2 g E | 13 g F | 50 g KH

200 g Stachelbeeren • 300 g Kirschen • 250 ml Apfelsaft • 80 g Zucker • 2 El Speisestärke • 100 g Sahne • 1 Päckchen Vanillezucker • 100 g Schmand

1

Die Stachelbeeren waschen und halbieren. Die Kirschen waschen, halbieren und entsteinen. Den Apfelsaft mit dem Zucker in einen Topf geben und aufkochen. Die Stachelbeeren und die Kirschen zugeben und bei mittlerer Hitze 3 Minuten köcheln lassen. Die Speisestärke mit 3 El Wasser glatt rühren und in die Grütze einrühren. Unter ständigem Rühren aufkochen, dann vom Herd nehmen. Die Grütze in eine Schale füllen und abkühlen lassen.

2

In der Zwischenzeit die Sahne mit dem Handrührgerät steif schlagen, dabei den Vanillezucker langsam einrieseln lassen. Den Schmand in einer Schüssel glatt rühren und die geschlagene Sahne vorsichtig unterheben – das geht gut mit den aus dem Handrührgerät entfernten Rührbesen oder mit einem Schneebesen. Die Grütze mit der Schmand-Sahne servieren.

YOU NEED

Handrührgerät mit Rührbesen

AUCH LECKER

Die Grütze schmeckt auch mit Himbeeren oder Brombeeren beerenstark!

RHABARBER-CRUMBLE

Flott gemacht

15 Min. | **FÜR 6** Portionen | **PRO PORTION** 538 kcal | 5 g E | 28 g F | 65 g KH

+ 25 Min. Backzeit

500 g Rhabarber (alternativ Äpfel) • 180 g Zucker • 1 Päckchen Vanillezucker • 1/2 Tl Zimt • 1 Tl Speisestärke • 150 g Butter • 120 g Mehl • 80 g feine Haferflocken • Butter für die Form

1 Den Backofen auf 200 °C vorheizen. Eine Back- oder Auflaufform (24 cm Ø) einfetten. Den Rhabarber waschen, putzen, schälen, in 1 cm dicke Stücke schneiden und in der Form verteilen. 100 g Zucker, Vanillezucker, Zimt und Speisestärke vermischen und gleichmäßig über den Rhabarber streuen.

2 Für die Streusel die Butter in einen Topf geben und schmelzen lassen. Kurz etwas abkühlen lassen, dann mit den Händen mit Mehl, Haferflocken und dem restlichen Zucker zu Streuseln verkneten. Die Streusel auf dem Rhabarber verteilen und den Crumble 25 Minuten auf der mittleren Schiene im Ofen goldbraun backen. Lauwarm oder kalt servieren.

YOU NEED
Backofen, Back- oder Auflaufform (24 cm Ø)

BANANA BREAD

Supersaftig

20 Min. | **FÜR 12** Stücke | **PRO STÜCK** 205 kcal | 3 g E | 8 g F | 31 g KH

+ 1 Std. Backzeit

3 reife Bananen • 75 g weiche Butter • 150 g Zucker • 1 Ei • 1 Tl Vanille-Extrakt • 1 Päckchen Backpulver • 1 Prise Salz • 180 g Weizenmehl • 70 g Schokostreusel • Fett und Mehl für die Form

1 Den Backofen auf 180 °C vorheizen. Eine Kastenform (25 cm Länge) einfetten und mit Mehl ausstäuben. Die Bananen schälen, in grobe Stücke schneiden und in einer Rührschüssel mit einem Pürierstab pürieren. Die restlichen Zutaten zugeben und alles gründlich verquirlen.

2 Den Teig in die Form füllen und das Banana Bread etwa 1 Stunde auf der mittleren Schiene im Ofen backen. Ein Holzstäbchen in den Kuchen stecken – wenn kein Teig dran haften bleibt, ist der Kuchen fertig, ansonsten noch etwas weiterbacken. Den fertigen Kuchen vorsichtig aus der Form lösen, auf ein Kuchengitter stürzen und auskühlen lassen.

YOU NEED
Backofen, Kastenform (25 cm Länge), Pürierstab (oder Standmixer), Holzstäbchen

Kühlschrank statt Ofen

JOGHURTKUCHEN MIT BLAUBEEREN

25 Min.

FÜR 12 Stücke

+ 6 Std. Kühlzeit

PRO STÜCK
434 kcal | 9 g E | 31 g F | 30 g KH

1 Für den Boden die Butterkekse fein zerbröseln – am einfachsten geht das, wenn du sie in einen Gefrierbeutel gibst und draufkloppst. Die Brösel zusammen mit der Butter in eine Schüssel geben und beides gut miteinander verkneten. Die Masse dann gleichmäßig in einer leicht eingefetteten Springform (26 cm Ø) verteilen und festdrücken.

2 Für die Creme den Frischkäse in einer Rührschüssel mit dem Handrührgerät cremig quirlen. Dann die restlichen Creme-Zutaten zugeben und alles gut verquirlen. Die Creme gleichmäßig auf dem Keksboden verteilen und den Kuchen mindestens 6 Stunden in den Kühlschrank stellen. Vor dem Servieren die Blaubeeren waschen, trocken tupfen und den Kuchen damit verzieren. Wer mag und hat, garniert den Kuchen noch mit ein paar Minzblättchen.

ZUTATEN

FÜR DEN BODEN: 300 g Butterkekse • 125 g weiche Butter | **FÜR DIE CREME:** 600 g Doppelrahm-Frischkäse • 450 g griechischer Joghurt (10 % Fett) • 1 Tl Vanille-Extrakt • 50 ml Zitronensaft • 110 g milder Honig • 1 Prise Salz | **FÜR DAS TOPPING:** 200 g Blaubeeren | **AUSSERDEM:** Fett für die Form • ggf. Minzblättchen zum Garnieren

YOU NEED
Springform (26 cm Ø), Handrührgerät mit Rührbesen

Voll fluffig

BLAUBEER-PFANNKUCHEN

25 Min.

FÜR 2 Portionen

PRO PORTION 190 kcal | 5 g E | 12 g F | 14 g KH

+ 15 Min. Ruhezeit

100 g Blaubeeren • 1 El Butter • 2 El Buttermilch • Salz • 1 Ei • 1 Tl Honig • 3 Tl Weizenmehl • 1/4 Tl Backpulver • 1 El Rapsöl • Puderzucker zum Bestäuben

1

Die Blaubeeren verlesen, waschen und trocken tupfen. Die Butter in einer Pfanne zerlassen und etwas auskühlen lassen. Die Buttermilch mit 1 Prise Salz, dem Ei und dem Honig in einer Rührschüssel mit dem Handrührgerät gut verrühren. Das Mehl mit dem Backpulver vermischen und nach und nach unter die Buttermilchmischung rühren. Die geschmolzene Butter zugeben und alles zu einem gleichmäßigen Teig verrühren. Den Teig mindestens 15 Minuten im Kühlschrank ruhen lassen.

2

Etwas Öl in einer Pfanne erhitzen und portionsweise kleine Pfannkuchen darin ausbacken. Dazu 2 El Teig je Pfannkuchen in die Pfanne geben, leicht anbacken und einige Blaubeeren in den Teig drücken. Nach 2 Minuten wenden und nochmals 2 Minuten backen. Einige Blaubeeren zum Garnieren zurückhalten. Die Pfannkuchen mit Puderzucker bestäuben und mit den übrigen Blaubeeren garnieren.
Super dazu: Vanillesauce (siehe Tipp) oder Eis!

YOU NEED
Handrührgerät mit Rührbesen

VANILLESAUCE HOMEMADE

Vanillesauce gibt´s fertig zu kaufen oder du machst sie selbst: Dazu 150 ml Milch mit 3 Tl Zucker und dem ausgekratzten Mark von 1/2 Vanilleschote in einen Topf geben, aufkochen, dann vom Herd nehmen. 1 großes Eigelb in einer Rührschüssel mit dem Handrührgerät schaumig schlagen. Die Milchmischung langsam zugießen und verrühren, dann alles zurück in den Topf geben. Nun bei mäßiger Hitze mit dem Handrührgerät weiterschlagen, bis eine leicht cremige Konsistenz entsteht. Die Sauce darf nicht aufkochen! Sofort vom Herd nehmen und durch ein Haarsieb passieren.

Mit Aprikosen-Kirsch-Kompott

GRIESSBREI

Mmhhhh ... Grießbrei ist auch so ein Gericht von früher, das so schnell keiner stehen lässt! Der Seelentröster hebt sofort die Stimmung und macht dazu auch noch richtig schön satt. Und mit Kompott dazu kriegste sogar eine leckere Dosis Vitamine ab ...

40 Min. | **FÜR 4** Portionen | **PRO PORTION** 410 kcal | 9 g E | 24 g F | 38 g KH

FÜR DAS KOMPOTT
6 Aprikosen • 150 g Kirschen • 1 El Honig • 1 El Zitronensaft

FÜR DEN GRIESSBREI
500 ml Milch • 200 g Sahne • 50 g Zucker • 40 g Weichweizengrieß

AUSSERDEM
30 g gehackte Pistazien

1

Für das Kompott die Aprikosen und die Kirschen waschen, halbieren und die Steine entfernen. Die Aprikosen in kleine Würfel schneiden und mit dem Honig, dem Zitronensaft und 100 ml Wasser in einen Topf geben. Alles aufkochen und bei mittlerer Hitze etwa 10 Minuten köcheln lassen, bis die Aprikosen weich sind. Mit einem Pürierstab oder im Standmixer fein pürieren. Die Kirschen untermischen, alles nochmals aufkochen, dann vom Herd nehmen.

2

Für den Grießbrei Milch, Sahne und Zucker in einen Topf geben und aufkochen. Langsam den Weizengrieß einrühren und unter ständigem Rühren 5 Minuten bei mittlerer Hitze köcheln lassen. Etwas abkühlen lassen. Den Grießbrei mit Pistazien bestreuen und mit dem Aprikosen-Kirsch-Kompott servieren.

YOU NEED
Pürierstab oder Standmixer

Kartoffeln mal süß

QUARKKEULCHEN

Eine Süßspeise mit Kartoffeln? Klingt vielleicht erst mal komisch, ist aber sowas von lecker! Den heiß geliebten Klassiker aus dem Osten Deutschlands musst du unbedingt mal probieren – egal ob als Nachtisch, zum Kaffee oder als süßes Hauptgericht. Danach ist die Welt für einen Moment einfach nur in Ordnung!

30 Min.

+ 30 Min. Garzeit

FÜR 2 Portionen

PRO PORTION 440 kcal | 19 g E | 18 g F | 49 g KH

175 g Quark • 250 g mehligkochende Kartoffeln • Salz • 1 Ei • 1 El Zucker • 20 g Rosinen • ca. 25 g Mehl • 30 g Butterschmalz • Zucker, Zimt oder Puderzucker nach Belieben

1

Den Quark in einem Sieb gut abtropfen lassen. Die Kartoffeln waschen, schälen und in ganz leicht gesalzenem Wasser ca. 20 Minuten gar kochen. Vollständig abkühlen lassen, dann durch eine Kartoffelpresse in eine Rührschüssel drücken oder fein reiben.

2

Quark, Ei, Zucker, Rosinen und 1 Prise Salz dazugeben und alles gut verrühren. Nun so viel Mehl unterrühren, dass ein zäher, nicht zu feuchter Teig entsteht. Den Teig zu Kugeln formen und diese zu ca. 1,5 cm hohen Fladen flach drücken.

3

Das Butterschmalz in einer Pfanne erhitzen und die Keulchen darin bei mittlerer Hitze pro Seite ca. 5 Minuten goldgelb backen. Nach Belieben mit Zucker und Zimt oder mit Puderzucker bestreuen. Dazu schmeckt Apfelmus.

YOU NEED

Kartoffelpresse oder Reibe

NOCH EINFACHER

Wenn du noch Kartoffeln vom Vortag übrig hast, kannst du diese hier wunderbar verwerten und sparst dir das Kartoffelkochen.

Für Viele

PARTY FOOD

Ob Party, Mädelsabend, Jungs-Stammtisch oder geselliges Essen in großer WG-Runde – gemeinsam schmeckt's einfach doppelt gut! In diesem Kapitel findest du alles, was buffettauglich ist und sich perfekt für größere Gruppen eignet.

Im Western-Style

NUDELSALAT

Das Besondere an diesem Nudelsalat ist die Sauce: Sie schmeckt wie die legendäre Big-Mac-Sauce. Zusammen mit kross gebratenem Hack und knackigem Gemüse ein echtes Lieblingsgericht – nicht nur für die Party!

30 Min.

FÜR 4 Portionen

PRO PORTION 1090 kcal | 36 g E | 58 g F | 118 g KH

FÜR DEN SALAT

500 g Nudeln, z. B. Farfalle • Salz • 1 Tl Rapsöl • 2 kleine Dosen Mais (Abtropfgewicht 140 g) • 2 rote Paprikaschoten • 1 rote Zwiebel • 1 El Olivenöl • 300 g gemischtes Hackfleisch • Pfeffer

FÜR DIE SAUCE

300 g Schmand (20 % Fett) • 3 El Mayonnaise • 3 Tl Tomatenmark • 2 Tl Senf • 2 Tl Aceto balsamico bianco • 2 Tl Worcestersauce • 1 Tl Currypulver • 1 Tl Paprikapulver • 1 Tl Knoblauchpulver • Salz • Pfeffer

1 Die Nudeln nach Packungsanweisung in leicht gesalzenem Wasser bissfest kochen. Dann in ein Sieb abgießen und gut unter kaltem Wasser abspülen. Zurück in den Topf geben und das Rapsöl unterrühren – dadurch kleben die Nudeln nicht so zusammen.

2 Während die Nudeln kochen, kannst du dich schon mal um die anderen Zutaten kümmern: Den Mais in ein Sieb geben und abtropfen lassen. Paprika putzen, waschen und in kleine Würfel schneiden. Zwiebel schälen und fein würfeln.

3 Das Olivenöl in einer Pfanne erhitzen und das Hackfleisch darin unter Rühren scharf anbraten, bis es schön kross und krümelig ist. Salzen und pfeffern, dann auf Küchenkrepp abtropfen lassen.

4 Für die Sauce alle Zutaten in eine Schüssel geben und gründlich verrühren. Mit Salz und Pfeffer abschmecken.

5 Nudeln, Mais, Paprika, Zwiebeln und Hackfleisch in eine Schüssel geben. Die Sauce dazugeben und alles gut vermischen.

PRAKTISCH!

Wenn du gleich ein paar Nudeln mehr kochst, kannst du daraus am nächsten Tag ruck, zuck eins der auf Seite 12 aufgeführten Gerichte zubereiten – sofern die (Kater-)Stimmung es zulässt …

Aus dem Ofen

WÜRSTCHEN MEETS GEMÜSE

Fingerfood vom Blech, voll praktisch! Einfach ein paar Holzspieße oder Zahnstocher dazulegen und saure Sahne zum Dippen – so werden sowohl Wurst- als auch Gemüsefans glücklich!

45 Min.

FÜR 4 Portionen

PRO PORTION 640 kcal | 29 g E | 55 g F | 8 g KH

1 kleine rote Zwiebel • 400 g kleine Champignons • 400 g Cocktailtomaten • 400 g Brokkoli • 8 grobe Bratwürste • 3 Tl Paprikapulver, edelsüß • 4 Tl getrockneter Oregano • 4 El Olivenöl • Salz • Pfeffer • 100 g saure Sahne

---

1

Den Backofen auf 200 °C Umluft vorheizen. Ein Backblech mit Backpapier auslegen. Die Zwiebel schälen und in feine Ringe schneiden. Die Champignons putzen und halbieren. Die Cocktailtomaten waschen. Den Brokkoli waschen, putzen, den Strunk schälen und fein würfeln, die Röschen abtrennen.

2

Das Gemüse in eine Schüssel geben. Bratwürste in Stücke schneiden und dazugeben. Paprikapulver, Oregano und das Olivenöl dazugeben und alles gründlich vermischen.

3

Die Gemüse-/Wurst-Mischung auf dem Backblech verteilen und 20–25 Minuten auf der mittleren Schiene im Ofen backen. Dann salzen und pfeffern und mit saurer Sahne servieren.

YOU NEED
Backofen

Geht immer!

KARTOFFELSALAT

Kartoffelsalat gehört seit eh und je zu den beliebtesten Party-Gerichten! Dieser hier ist mit Brühe statt Mayo und schmeckt warm, kalt oder lauwarm gleichermaßen gut.

20 Min.

+ 20 Min. Garzeit

FÜR 4 Portionen

PRO PORTION 315 kcal | 6 g E | 14 g F | 40 g KH

1 kg kleine festkochende Kartoffeln • Salz • 1 große Gemüsezwiebel • 4 El Rapsöl • 2 Tl Zucker • 150 ml Gemüsebrühe • 6 El Weißweinessig • 1 El mittelscharfer Senf • Pfeffer • 2 El fein gehackter Schnittlauch

---

1
Die Kartoffeln waschen, in einen Topf geben, mit Wasser bedecken, Salz dazugeben (so viel, dass das Wasser salzig schmeckt) und bei geschlossenem Deckel zum Kochen bringen, dann die Hitze runterschalten und die Kartoffeln bei mittlerer Hitze 15–20 Minuten bissfest garen. Die Kartoffeln abgießen und etwas auskühlen lassen, dann pellen, in Scheiben schneiden und in eine große Schüssel geben.

2
Die Zwiebel schälen, halbieren und in feine Streifen schneiden. 2 El Öl in einer Pfanne erhitzen und die Zwiebelstreifen darin bei mittlerer Hitze langsam goldbraun braten. Mit 1 Tl Zucker bestreuen und unter ständigem Rühren karamellisieren lassen. Die Zwiebeln dann zu den Kartoffeln geben.

3
Die Gemüsebrühe in einem Topf erhitzen, dann Essig, restlichen Zucker, restliches Öl und Senf zugeben und alles gut miteinander verrühren. Die Brühe über die Kartoffeln gießen und alles gut durchmischen. Den Salat mit Salz und Pfeffer abschmecken und mit dem Schnittlauch bestreuen.

MIT SPECK

Wenn's nicht unbedingt vegetarisch sein soll, sind kross gebratene Speckwürfelchen eine super Ergänzung!

Tex-Mex-Party-Food

ÜBERBACKENE NACHOS

Direkt aus dem Ofen serviert sind die Nachos überragend, weil der Käse dann noch so schöne Fäden zieht. Etwas abgekühlt, sind sie aber immer noch superlecker und taugen daher wunderbar als Party-Fingerfood!

30 Min.

FÜR 4 Portionen

PRO PORTION 1052 kcal | 46 g E | 64 g F | 72 g KH

1 rote Zwiebel • 1 rote Paprikaschote • 1 kleine Dose Mais (Abtropfgewicht 200 g) • 1 kleine Dose Kidney-Bohnen (Abtropfgewicht 200 g) • 2 El Olivenöl • 400 g Rinderhack • Salz • Pfeffer • 1/2 Tl Knoblauchpulver • 1 Tüte Tortilla-Chips nach Wahl (300 g) • 180 g geriebener Cheddar • 2 Tomaten • 1 Avocado • Saft von 1/2 Zitrone • 150 g saure Sahne

1 Den Backofen auf 220 °C vorheizen. Zwiebel schälen und fein würfeln. Paprika putzen, waschen und ebenfalls fein würfeln. Mais und Bohnen in ein Sieb geben, gut abspülen und abtropfen lassen.

2 Das Olivenöl in einer Pfanne erhitzen und das Hackfleisch darin 6–8 Minuten unter Rühren krümelig braten. Salzen, pfeffern und das Knoblauchpulver dazugeben. Paprika- und Zwiebelwürfel dazugeben und alles weitere 5 Minuten braten.

3 Ein Backblech mit Backpapier belegen und die Tortilla-Chips darauf verteilen. Die Hälfte des Cheddars drüberstreuen. Hack, Mais und Bohnen darauf verteilen. Zum Schluss den restlichen Käse drüberstreuen. Die Nachos im Ofen auf der mittleren Schiene ca. 5 Minuten überbacken, bis der Käse geschmolzen ist.

4 Inzwischen die Tomaten waschen, halbieren, Stielansätze rausschneiden, entkernen und würfeln, dann salzen und pfeffern. Avocado halbieren und den Kern entfernen. Das Fruchtfleisch aus der Schale löffeln, grob würfeln, in eine Schale geben und mit Zitronensaft beträufeln.

5 Die Nachos aus dem Ofen nehmen und Tomaten und Avocado darauf verteilen. Saure Sahne zum Dippen dazu servieren.

YOU NEED
Backofen

Fürs Kind im Mann ... und in der Frau

WÜRSTCHEN IM SCHLAFROCK

Diese Party-Lieblinge sind superschnell gemacht und machen schon beim Anschauen gute Laune! Mit vegetarischen Würstchen aus Seitan oder Tofu kann man auch Veggies ganz einfach glücklich machen.

30 Min.

FÜR 4 Portionen

PRO PORTION
827 kcal | 28 g E | 55 g F | 56 g KH

FÜR DIE WÜRSTCHEN
1 Rolle Blätterteig (ca. 270 g) • 12 Brühwürste (z. B. Frankfurter oder Wiener, alternativ veggie aus Seitan oder Tofu) • 1 Ei

FÜR DIE BBQ-SAUCE (CA. 400 ml)
1 Zwiebel • 2 Knoblauchzehen • 1 El Olivenöl • 1 El Tomatenmark • 50 ml Honig • 3 El Apfelessig • 100 ml Apfelsaft • 300 ml Ketchup • 1 Tl Cayennepfeffer • 1 El geräuchertes Paprikapulver • Salz • Pfeffer

---

1 Den Backofen auf 220 °C vorheizen. Ein Backblech mit Backpapier belegen. Den Blätterteig entrollen und der Breite nach in 12 gleich große Streifen schneiden. Die Streifen spiralförmig um die Würstchen wickeln. Das Ei verquirlen und den Teig damit bepinseln. Die Würstchen auf das Backblech legen und im Backofen auf der mittleren Schiene ca. 15 Minuten backen.

2 Für die Sauce Zwiebel und Knoblauch schälen und fein hacken. Das Öl in einer Pfanne erhitzen und Zwiebel, Knoblauch und Tomatenmark darin anbraten. Den Honig zugeben und kurz unter Rühren schmelzen lassen. Essig und Apfelsaft unter Rühren zugießen. Nun die Temperatur runterstellen, das Ketchup zufügen und die Sauce mit Cayennepfeffer, Paprikapulver, Salz und Pfeffer abschmecken. 5 Minuten bei schwacher Hitze köcheln lassen. Die Sauce abkühlen lassen und zu den Würstchen servieren.

YOU NEED
Backofen, Küchenpinsel

NOCH EINFACHER

Du kannst die Sauce problemlos schon vorher in Ruhe auf Vorrat zubereiten. Füll sie dazu direkt nach dem Kochen noch heiß in ein gründlich gesäubertes Einmachglas, verschließ es gut und lass die Sauce abkühlen. Im Kühlschrank aufbewahrt hält sie sich dann bis zu 2 Wochen. Und wenn du keine Lust hast, die Sauce zu machen, schmeckt's auch mit Ketchup – diesen kannst du übrigens auch vor dem Einwickeln der Würstchen auf die Innenseiten der Teigstreifen streichen!

CAMEMBERT-ZUPFBROT

mit Preiselbeeren

15 Min. | **FÜR 4** Portionen | **PRO PORTION** 445 kcal | 17 g E | 22 g F | 45 g KH

+ 20 Min. Backzeit

1 Baguette (à 350 g) • 200 g reifer Camembert • 60 g Butter • 60 g Preiselbeeren aus dem Glas • Salz • Pfeffer

1 Den Backofen auf 180 °C vorheizen. Ein Backblech mit Backpapier auslegen. Das Baguette zuerst längs alle 2 cm tief ein- aber nicht durchschneiden. Dann quer ebenfalls in 2 cm Abstand tief einschneiden. Auf das Blech legen.

2 Den Camembert in Streifen schneiden. Die Butter zerlassen und mit den Preiselbeeren verrühren. Die Mischung leicht salzen und kräftig pfeffern.

3 Die Camembert-Streifen in die Brotspalten stecken. Die Preiselbeer-Butter-Mischung darauf verstreichen. Das Baguette mit Alufolie bedecken und ca. 20 Minuten auf der mittleren Schiene backen. 5 Minuten vor Backzeitende die Alufolie entfernen und das Brot knusprig backen. Kurz abkühlen lassen, dann lauwarm oder kalt genießen.

YOU NEED
Backofen

MEGA-SALAMIROLLE

aus Hefeteig

20 Min. | **FÜR 30** Stücke | **PRO STÜCK** 179 kcal | 7 g E | 9 g F | 16 g KH

+ 30 Min. Gehzeit und 20 Min. Backzeit

FÜR DEN TEIG: 640 g Weizenmehl • 2 Tl Zucker • 2 Tl Salz • 2 El Rapsöl • 1 Würfel Hefe (42 g) | **AUSSERDEM:** Mehl für die Arbeitsfläche • 200 g geriebener Mozzarella • 650 g Dauersalami am Stück

1 Alle Zutaten für den Teig in eine große Schüssel geben (die Hefe zerbröckeln). 360 ml lauwarmes Wasser zugeben und alles 10 Minuten mit den Händen zu einem gleichmäßigen Teig verkneten. Den Teig dann zu einer Kugel formen und in der mit einem Küchentuch bedeckten Schüssel mindestens 30 Minuten an einem warmen Ort gehen lassen. (Wenn dir das zu aufwendig ist, kauf einfach fertigen Pizzateig!).

2 Den Backofen auf 160 °C vorheizen. Den Teig halbieren und auf einer bemehlten Arbeitsfläche zu zwei langen Rollen formen. Mit dem Nudelholz so ausrollen, dass der Teig später die Salami umschließen kann.

3 In die Mitte jeden Teigfladens längs jeweils ein Viertel des Mozzarellas streuen. Die Salami längs halbieren und jeweils eine Hälfte in die Mitte der Teigfladen legen. Den Teig darum herumrollen und fest andrücken. Die Rollen auf ein mit Backpapier belegtes Blech legen. Den restlichen Käse draufstreuen und ca. 20 Minuten auf der mittleren Schiene goldbraun backen.

Flott gemacht

CHEESE CARNE NACHOS

15 Min.

FÜR 4 Portionen

PRO PORTION
1123 kcal | 47 g E | 68 g F | 81 g KH

1 Den Backofen auf 180 °C vorheizen. Eine Auflaufform mit Öl einfetten. Das Öl in einer Pfanne erhitzen, das Hackfleisch hineingeben und unter Rühren krümelig braten. Mit Salz, Pfeffer und Chilipulver würzen.

2 Den Boden und den Rand der Auflaufform mit Taco-Chips auslegen, das Hack auf den Chips verteilen und den Käse drüberstreuen. 5–6 Minuten im Ofen auf der mittleren Schiene backen, bis der Käse zerlaufen ist. Die Jalapeños waschen, putzen, in Ringe schneiden und über den Auflauf streuen.

YOU NEED
Backofen, Auflaufform

ZUTATEN
1 El Rapsöl • 500 g Rinderhack • Salz • Pfeffer • Chilipulver • 500 g Tortilla-Chips • 250 g geriebener Pizzakäse • 2 Jalapeños • Öl für die Form

Veggie-Party

BURRITOS

Für Burritos werden Tortillas normalerweise mit Hackfleisch gefüllt. Das funktioniert aber auch sehr lecker vegetarisch: dafür belegen wir die mexikanischen Klassiker mit einer würzigen Mischung aus Bohnenmus, Avocado-Salsa und Reis.

30 Min.

FÜR 4 Portionen

PRO PORTION
725 kcal | 24 g E | 25 g F | 99 g KH

FÜR DAS BOHNENMUS
2 Dosen schwarze Bohnen (Abtropfgewicht je 240 g) • 1 Zwiebel • 1 Knoblauchzehe • 1/2 Chilischote • 2 El Olivenöl • etwas Limettensaft • 1 Tl gemahlener Kreuzkümmel • Salz • Pfeffer

FÜR DIE SALSA
2 große Tomaten • 2 Avocados • etwas Limettensaft • Salz • Pfeffer

AUSSERDEM
150 g Basmatireis • 8 Tortilla-Wraps (Weizenfladen) • 100 g geriebener Cheddar • Sauerrahm zum Servieren nach Belieben

---

1 Für das Bohnenmus die Bohnen in einem Sieb abspülen und abtropfen lassen. Zwiebel und Knoblauch schälen und fein hacken. Chili putzen, waschen und fein hacken. Das Öl in einer Pfanne erhitzen und Zwiebel, Knoblauch und Chili darin weich garen. Die Mischung mit den Bohnen in eine hohe Rührschüssel geben und mit dem Pürierstab pürieren. Mit Limettensaft, Kreuzkümmel, Salz und Pfeffer abschmecken.

2 Den Basmatireis nach Packungsanleitung kochen. Inzwischen für die Salsa die Tomaten waschen, halbieren, die Stielansätze rausschneiden und die Tomaten in kleine Würfel schneiden. Avocados halbieren, den Kern entfernen, das Fruchtfleisch mit einem Löffel rauslösen und ebenfalls klein würfeln. Beides in eine Schüssel geben und mit Limettensaft, Salz und Pfeffer abschmecken.

3 Die Tortillas nach Packungsanleitung erwärmen und mit dem Bohnenmus bestreichen. Den Reis und die Salsa mittig darauf verteilen. Mit Käse bestreuen. Die kurzen Seiten einschlagen und die Tortillas aufrollen. Halbieren und nach Belieben mit Sauerrahm servieren.

YOU NEED
Pürierstab

Lecker mit Halloumi

COUSCOUS-SALAT

Dieser Klassiker der orientalischen Küche ist superschnell gemacht und macht sich echt gut als Party-Food. Du kannst den Salat ruhig schon am Vortag zubereiten und im Kühlschrank aufbewahren – so zieht er richtig schön durch!

20 Min.

FÜR 4 Portionen

PRO PORTION 639 kcal | 29 g E | 39 g F | 43 g KH

200 g Couscous • 2 rote Paprikaschoten • 8 Frühlingszwiebeln • 1/2 Gurke • 1 Bund Petersilie • 8 Zweige Minze • 4 El Olivenöl • 1–2 El Zitronensaft • Salz • Pfeffer • 300 g Halloumi

1

Den Couscous in eine Schüssel geben und mit 150 ml kochendem Wasser übergießen. Zugedeckt etwa 10 Minuten quellen lassen.

2

Inzwischen die Paprikaschoten putzen, waschen und klein würfeln. Frühlingszwiebeln waschen, putzen und schräg in Scheiben schneiden. Gurke waschen, vierteln und in Stücke schneiden. Petersilie und Minze waschen, trocken schütteln und fein hacken.

3

Den Couscous mit einer Gabel durchrühren, 2 El Öl und Zitronensaft einrühren. Paprika, Frühlingszwiebeln, Gurke und Kräuter unterrühren. Mit Salz und Pfeffer abschmecken.

4

Den Halloumi in mundgerechte Stücke schneiden. Das restliche Öl in einer Pfanne erhitzen und den Halloumi darin 2–3 Minuten goldbraun braten. Den Couscous-Salat mit dem Halloumi servieren.

AUCH LECKER

Anstelle des Halloumis kannst du auch einfach Feta-Würfel zu dem Salat servieren.

YOU NEED
Standmixer oder Pürierstab

LECKERE DRINKS

Keine Party ohne was Leckeres zum Süffeln! Klar, Bier geht immer – zumindest bei den Jungs ... Wer aber mal etwas Abwechslung haben möchte, ist hier goldrichtig. Auch super für den perfekten Mädelsabend!

Coconut Kiss

10 Min. | **FÜR 4** Gläser (ca. 1 l) | **PRO GLAS** 348 kcal | 5 g E | 23 g F | 30 g KH

300 g frische Ananas • 300 ml gut gekühlte Kokosmilch • 200 ml gut gekühlter Orangensaft • 100 ml gut gekühlter Ananassaft • 70 ml Zuckersirup

Die Ananas putzen, schälen und in Stücke schneiden. Dann mit den restlichen Zutaten in einen Mixer geben und so lange pürieren, bis die Masse vollkommen cremig und schön schaumig ist. Kalt genießen!

Brombeer-Cooler mit Gin

10 Min. | **FÜR 5** Gläser (ca. 800 ml) | **PRO GLAS** 112 kcal | 2 g E | 0 g F | 10 g KH

260 g TK-Brombeeren (alternativ TK-Erdbeeren oder -Himbeeren) • 30 ml Zitronensaft • 100 ml Himbeersirup • 8 cl Gin • Crushed Ice • eiskaltes Mineralwasser

Die Beeren mit Zitronensaft, Himbeersirup, Gin und 100 ml Wasser mit dem Pürierstab oder im Standmixer cremig pürieren. Auf Gläser verteilen, jeweils etwas Crushed Ice zugeben und mit Mineralwasser auffüllen. Sofort servieren!

ZUM AUFHÜBSCHEN
Die Gläser mit Beeren und Minzblättchen garnieren!

Pfirsich-Sekt-Cocktail

15 Min. | FÜR 6 Gläser (ca. 1 l) | PRO GLAS 190 kcal | 1 g E | 0 g F | 25 g KH

6 frische Pfirsiche (alternativ aus der Dose) • 6 El Zitronensaft • 30 g Zucker (bei Dosen-Pfirsichen ggf. weniger) • 1 Flasche eiskalter Sekt

Die Pfirsiche waschen, schälen, das Fruchtfleisch vom Stein schneiden und würfeln. Mit Zitronensaft und Zucker mit dem Pürierstab oder im Standmixer schön cremig pürieren. Das Fruchtpüree auf Sektgläser verteilen und mit Sekt aufgießen. Vorsichtig umrühren und sofort servieren.

Himbeer-Rhabarber-Bowle

20 Min. | FÜR 10 Gläser (ca. 2 l) | PRO GLAS 92 kcal | 0 g E | 0 g F | 8 g KH

+ 1 Std. Ziehzeit

600 g Himbeeren • 1 Stück Ingwer nach Geschmack • 60 g feiner Zucker • 1 l kalter Rhabarbersaft • 1 Flasche eiskalter Rosé-Sekt • 1 Handvoll Eiswürfel

Die Himbeeren verlesen und vorsichtig waschen. Den Ingwer schälen und fein reiben. Die Hälfte der Himbeeren mit dem Ingwer, dem Zucker und 3–4 Esslöffeln Rhabarbersaft mischen und 1 Stunde abgedeckt ziehen lassen. Dann mit einem Pürierstab oder im Standmixer pürieren und durch ein Haarsieb drücken. Das Himbeerpüree zusammen mit dem restlichen Rhabarbersaft in einem Bowle-Gefäß vermischen. Kurz vor dem Servieren den Sekt angießen und die restlichen Himbeeren und die Eiswürfel untermischen.

REGISTER

VEGGIE

Im Buch findest du auch viele vegetarische Gerichte – du erkennst sie an dem Blatt-Icon!

HINWEISE

zum Buch

PORTIONEN

Die meisten Gerichte sind für 1 oder 2 Portionen berechnet. Wenn mehr Personen mitessen oder du vorkochen möchtest, können die Zutatenmengen problemlos umgerechnet werden. Gerichte, die sich gut einfrieren, weiterverwerten oder aufwärmen lassen, sind von vornherein für 4 Portionen berechnet.

ABKÜRZUNGEN

Ø = Durchmesser
cm = Zentimeter
E = Eiweiß
El = Esslöffel
F = Fett
FP = Fertigprodukt
g = Gramm
kcal = Kilokalorien
kg = Kilogramm
KH = Kohlenhydrate
l = Liter
Min. = Minute(n)
ml = Milliliter
Msp. = Messerspitze
Std. = Stunde(n)
TK = Tiefkühlprodukt
Tl = Teelöffel

BACKOFENTEMPERATUREN

Die Backofentemperaturen in diesem Buch beziehen sich auf einen Elektroherd mit Ober- und Unterhitze. Falls du mit Umluft arbeitest, reduziert sich die Temperatur um 20 °C. Falls nicht anders angegeben, werden die Gerichte auf der mittleren Schiene gegart.

BILDNACHWEIS

Rezeptfotos

S. 19, 23, 31 links, 32 oben, 38, 62 links und 111: Studio Klaus Arras; S. 22 rechts, 26, 27, 41, 44, 63, 70, 71, 84, 85, 98 rechts, 99, 118, 124 und 125: TLC Fotostudio; S. 47, 91, 93, 94, 97, 98 links, 100, 103, 105 und 113: Kay Johannsen (Rezepte: Guido Gravelius, außer S. 46, 92, 98 links und 104); alle übrigen Fotos: Maria Brinkop

Illustrationen

stock.adobe.com: © Artenauta (Mund), © cgdeaw (Karomuster), © Damian (Büroklammer), © dlyastokiv (Daumen), © jacartoon (Blatt und Werkzeugrad), © Mara Fribus (Wischer), © Mauro Rodrigues (Tackernadel), © universe_design (Sprechblase)